CHALONS ET SES ENVIRONS

CHALONS,

IMPRIMERIE DE T. MARTIN, PLACE DU MARCHÉ-AU-BLÉ.

AUGUSTE NICAISE.

CHALONS-SUR-MARNE

ET

SES ENVIRONS

PARIS

LIBRAIRIES, AUGUSTE AUBRY, 16, RUE DAUPHINE;

J.-B. DUMOULIN, 13, QUAI DES GRANDS-AUGUSTINS.

CHALONS

T. MARTIN, LIBRAIRE-ÉDITEUR, 54, PLACE DU MARCHÉ-AU-BLÉ.

1861

CHALONS

ET SES ENVIRONS

PRÉCIS HISTORIQUE

BIBLIOGRAPHIE. — BUIRETTE DE VERRIÈRES : Annales historiques de Châlons. — Manuscrits de DOM FRANÇOIS, à la bibliothèque de la ville de Châlons. — BEAUGIER : Mémoires historiques sur la Champagne. — Registres des Conclusions de l'Hôtel-de-Ville de Châlons. — DOM LELONG : Histoire ecclésiastique et civile du diocèse de Laon. — MOET DE LA FORTE-MAISON : Mémoire sur l'histoire ancienne de Châlons et de ses environs. — EDOUARD DE BARTHÉLEMY : Histoire de la ville de Châlons-sur-Marne et de ses Institutions, depuis son origine jusqu'en 1789. — LOUIS BARBAT : Histoire de la ville de Châlons-sur-Marne et de ses Monuments, depuis son origine jusqu'à l'époque actuelle.

L'origine de Châlons est inconnue. Notre ville doit-elle son existence à une colonie étrangère amenée dans les Gaules après le déluge? A-t-elle, au contraire, pour fondateur le chef gaulois Brennus, ce rude guerrier qui, dans Rome même, fit trembler les Romains, et dont les compagnons ont rendu célèbres les oies du Capitole? On ne sait. Mais on peut supposer que notre cité naquit dans un de ces jours de tourmentes qui agitèrent l'ancienne Gaule, à cette époque nébuleuse et reculée où l'épée de Jules César ne l'avait point encore ouverte à l'histoire. Au milieu de ces immenses et désertes plaines qui, plus tard, devaient s'appeler les Champs Catalauniques, et devenir le théâtre d'un des plus grands évènements de l'époque barbare, une rivière coulait, dont les méandres capricieux formaient des îles et de vastes marais : un jour peut-être, sur un de ces îlots, se cachèrent quelques fugitifs, quelques misérables proscrits; ils y élevèrent leurs huttes de roseaux, protégés de tous côtés par les retranchements naturels que formait la rivière. Comme sa voisine Lutèce, Châlons serait donc sorti de la boue. Entre ces deux cités, si le berceau est aussi humble, combien différents ont été leurs développements et leurs destinées!

Avant le quatrième siècle de l'ère chrétienne, Châlons n'a point de nom dans l'histoire. Vopiscus, Eumène, Ammien-Marcellin en parlent les premiers pour rappeler la défaite de Tétricus, battu sous les murs de notre cité par Aurélien (273), ou la victoire remportée aux mêmes lieux sur les Allemands par Jovin, maître de la milice dans les Gaules (366). Ammien-Marcellin cite Châlons comme occupant le troisième rang parmi les villes de la Gaule belgique. Châlons n'existait-il donc pas encore, lorsque César accourut sur la Marne, après avoir battu, non loin de Vesontio, l'armée d'Ariovist (57 avant J.-C.), et reçut le serment de fidélité des Remi, qui excellent à lancer le javelot, selon l'expression de Lucain? Le célèbre écrivain des *Commentaires* ne parle pas de notre cité. A cette époque, les *Remi* et les *Catalauni* ne formaient peut-être que les deux fractions d'un même peuple, comprises par César sous la même dénomination de *Remi*, et complètement séparées depuis, lorsque la plus faible, *les Catalauni,* eut acquis plus d'importance. La ressemblance de nom entre les deux villes, dont l'une se nommait

Durocortorum Remi, et l'autre *Durocortorum Catalauni,* donne un certain poids à cette opinion, qu'ont avancée plusieurs historiens.

On ne connaît pas davantage l'époque à laquelle le christianisme apparut à Châlons. On croit cependant que saint Memmie y arbora le premier le drapeau de la Foi, vers le milieu du troisième siècle. L'apôtre y porta de rudes coups au paganisme, consacra à saint Pierre un temple païen situé à la porte des Monts. Il fit construire une chapelle dédiée à saint Jean-Baptiste, aux lieux où s'élève aujourd'hui l'église Saint-Jean, et rappela à la vie, par ses prières, le fils du gouverneur de Châlons, Lampadius; ce jeune homme s'était noyé, dit-on, dans une partie de chasse. A la mort de saint Memmie, l'œuvre de foi était achevée; Châlons ne comptait plus que des chrétiens dans ses murs.

Le berceau de notre cité fut sans doute l'espace compris entre les deux bras de la Marne, appelés le Nau et le Mau; plus tard, sous la domination romaine, l'enceinte de la ville franchit le Nau, et, s'étendant vers l'ouest et le sud-ouest, couvrit l'îlot protégé des deux côtés par le bras principal de la Marne. Cette agglomération devint alors la véritable ville et s'appela la cité, tandis que le premier espace occupé ne portait plus que le nom de *Faubourg du Château-du-Marché*.

Au quatrième siècle, Châlons avait quatre portes :

La porte des Monts, à l'est, située sur le Mont-Lavinien, à la place où s'élève aujourd'hui la caserne de cavalerie.

Au couchant, la porte de Jupiter, qui conduisait au temple consacré à ce Dieu, sur le coteau appelé le mont Saint-Michel.

Au midi, la porte Mars; au nord-est, la porte Cérès ou *des Vallées*, située à peu près aux lieux où se trouve aujourd'hui l'église Notre-Dame.

La cité renfermait le Prétoire ou Echevinage, et les Sybilles, lieu où se réunissaient les Druides pour célébrer leurs mystérieuses cérémonies. Dans les premiers temps de l'occupation romaine, les Druides avaient aussi deux autres lieux de réunion, l'un situé sur le Mont-Lavinien, l'autre au pied du Mont-

Jovin, dans un sombre bocage, où le sang humain coula sans doute plus d'une fois sur la pierre du sacrifice.

Pendant les cinquième, sixième et septième siècles, l'histoire de Châlons n'offre rien de remarquable, si ce n'est l'invasion des Huns et la bataille qui se livra en 451, non loin de ses murs, entre Attila et Aétius, lutte gigantesque entre le monde barbare et le monde civilisé. Au milieu de cet effroyable cataclysme, plus heureuse que tant d'autres villes, Châlons fut épargné par Attila. Si l'on en croit la légende, saint Alpin, le premier évêque de Châlons dont l'existence soit incontestée, marcha au-devant du farouche conquérant, et obtint le salut de notre cité. Attila, après s'être emparé de Reims, abandonné par ses habitants et défendu seulement par quelques centaines d'hommes ayant à leur tête leur évêque Nicaise, se dirigeait alors sur Orléans, où il devait essuyer l'échec qui lui fit reprendre la route du Rhin, et le ramena dans les champs catalauniques.

Les Châlonnais virent donc passer à peu de distance de leurs murs ce torrent de barbares, ces farouches cavaliers au crâne déprimé, au teint livide, aux yeux enfoncés dans la tête, au nez écrasé, aux larges épaules, qui vivaient de viande crue et de lait aigre, et qui buvaient, à défaut d'autres vivres, le sang de leurs sauvages et agiles coursiers. Par un étrange et fatal retour des choses de ce monde, nos pères ont revu les descendants de ces mêmes cavaliers déchaînés encore sur notre pays, par un autre Attila, roi aussi de leurs steppes immenses ; mais, hélas ! le saint de la légende n'était plus là pour protéger notre cité.

Ce n'est pas d'ailleurs le seul titre du saint évêque à la reconnaissance des Châlonnais. Il jeta les premiers fondements de la cathédrale, et fit bâtir un hôpital et un collége de clercs. Elu en 409 évêque de Châlons, il mourut à Baye, son pays, en 455.

Quarante années plus tard, Clovis, poursuivant le cours des conquêtes qui lui ont valu le titre de fondateur de la monarchie française, vint à Châlons.

Notre ville accueillit avec acclamations celui qui venait de puiser à Reims, dans l'eau du baptême, le nom de fils unique de l'Eglise. Après sa mort, Châlons devint le partage de Théodoric Ier, qui y édicta le code qui porte son nom, dans une assemblée composée de légistes et d'hommes remarquables par leurs connaissances.

C'est près de notre ville que, en 612, Sigebert et Brunehaut, abandonnés par leurs troupes, tombèrent aux mains de Frédégonde. Le septième siècle fut une époque fatale aux Châlonnais. De 603 à 612 ils eurent à subir une peste, deux disettes, une inondation. Les guerres qui agitèrent le règne des successeurs de Clovis livrèrent, en outre, Châlons et ses environs aux dévastations et aux brigandages des soldats des divers partis.

Dans les premières années du huitième siècle, Dagobert II vint à Châlons. Témoin de plusieurs miracles accomplis sur le tombeau de saint Memmie, il dota richement le monastère que l'apôtre avait fondé.

Le commencement du neuvième siècle (812 à 830) et le règne de Charlemagne furent pour notre cité une ère de prospérité. Son commerce s'étendit, et, grâce à la forte main qui tenait alors les rênes de l'Etat, la tranquillité succéda dans notre ville aux agitations des siècles précédents ; et tandis que la royauté travaillait à élever l'édifice d'un pouvoir durable, à Châlons commençait à se développer sous son ombre l'autorité municipale, qui devait, quelques siècles plus tard, succéder à la suprématie des évêques. A cette époque, l'autorité épiscopale marchait déjà rapidement vers l'apogée de sa puissance. En 845, au concile de Beauvais, Loup, évêque de Châlons, avait prêté serment en cette qualité entre les mains de Charles-le-Chauve, et lui rendait hommage comme comte de Châlons et vassal de la couronne.

Dans les années suivantes, Charles octroyait plusieurs chartes en faveur de notre cité, et accordait aux sollicitations de l'évêque Erchenraüs l'autorisation d'y fonder un hôtel des Monnaies.

La prospérité dont Châlons jouissait alors fut à peine troublée par les invasions des Normands. Ces derniers commirent en Champagne de fréquentes dévastations, mais ils vinrent seulement à quelque distance de Châlons, à Saint-Gibrien, et se retirèrent bientôt devant l'attitude énergique des habitants.

Une terrible catastrophe devait frapper notre ville dans les premières années du dixième siècle. En 929, Raoul avait succédé à Charles-le-Simple, et, rencontrant une vive opposition chez la plupart des grands feudataires, il brisait ou éloignait de lui les obstacles à son ambition. C'est ainsi qu'il fit déposer Hugues de Vermandois, archevêque de Reims. Notre cité avait alors pour évêque Bovon II, vertueux prélat dévoué à Hugues; Raoul le chassa du siége épiscopal et le remplaça par une de ses créatures, un clerc nommé Milon. Bovon se retira à Reims, et bientôt une ligue fut organisée entre Reims et Châlons, contre Raoul. Ce dernier accourut devant Reims, en força l'entrée, puis, se rejetant sur notre ville, la livra aux flammes après un siége de quelques jours, tandis que son évêque, Milon, commettait force déprédations sur les biens des églises. Excommunié bientôt, l'intrus dut céder la place, et Bovon fut rétabli.

De telles calamités sont rares dans les annales de l'épiscopat châlonnais. Il devait y trouver des dédommagements dans les dernières années du dixième siècle. En 963, Louis d'Outre-Mer et Lothaire donnèrent Châlons et son comté à l'évêque Gibuin, et l'enlevèrent ainsi à l'ambition des grands vassaux, qui menacèrent plus d'une fois l'autonomie de notre cité pendant les luttes de la féodalité.

Puis survint l'année 1000 avec son cortége de sinistres prédictions et de terreurs. La croyance à la fin du monde était générale. Si de semblables prophéties trouvent encore de nos jours des esprits qui s'en préoccupent, on peut juger avec quel effroi les populations impressionnables de ce temps accueillirent l'échéance de cette époque redoutée. Les chroniqueurs contemporains sont remplis des plus curieux et des plus naïfs témoignages de l'état des esprits en présence de cette terreur universelle. Châlons paya sans doute son tribut à la peur. Il dut pourtant se rassurer en voyant parmi ses évêques un esprit assez fort pour ne point négliger des intérêts tout matériels sous la menace de cette grande catastrophe. En effet, Gibuin II, successeur de Gibuin I, organisa, dans les dernières années du dixième siècle, la cour épiscopale, avec un éclat trop remarquable pour que le prélat n'espérât point que ce luxe survivrait à l'an 1000. Il se donna douze pairs, dont six ecclésiastiques : le doyen du chapitre, le trésorier et les quatre archidiacres; six laïques : le vidame, les sires de Cernon et de Conflans, les châtelains de Somme-Vesle, de Baye et de Fagnières. Il eut un boutellier, un chambellan, un maréchal, un sénéchal, un chancelier, des officiers de justice civile et criminelle.

L'année 1000 fut marquée à Châlons par l'apparition d'un prophète nommé Leutard. Cet homme, né à Vertus, parcourut les campagnes en affirmant qu'il était envoyé de Dieu pour changer la face du monde. Il disait aussi que des abeilles étaient sorties de sa bouche, et avaient été les intermédiaires entre lui et la divinité, en lui expliquant sa mission. Leutard était un novateur de l'espèce la plus infime, sans plan arrêté, et n'ayant au service de son hérésie que les idées les plus incohérentes. Cependant il défendait de payer la dîme. Ce point de sa doctrine fut facilement compris. Aussi Leutard trouva-t-il bientôt assez de partisans pour que l'évêque Gibuin s'inquiétât de ce mouvement. Avec une modération qui l'honore, et au lieu de faire contre ce triste prophète usage des armes temporelles et spirituelles dont il disposait, le prélat le fit comparaître dans une assemblée publique, et le confondit. Leutard alla se jeter dans un puits qui, dès lors, se nomma le Puits-d'Enfer.

Au commencement du douzième siècle (1105), un des successeurs de Gibuin II se trouva mêlé aux luttes féodales, qui forment le principal caractère de cette époque. L'évêque Hugues fut enlevé dans Châlons par un de ses adversaires, le sire de Moeslain, dont le château de ce nom était situé entre Vitry et

Saint-Dizier. Le baron retint le prélat dans une assez dure captivité; l'archevêque de Reims excommunia le ravisseur, et, comme cette terrible censure ne suffisait point pour faire ouvrir les portes du castel de Moeslain, les Châlonnais coururent eux-mêmes à la délivrance de leur évêque. A leur approche, le sire emmena son prisonnier dans un autre de ses domaines; mais, en présence de la désapprobation générale que soulevèrent ces violences, il fut contraint de remettre notre évêque en liberté et de lui demander le pardon de son forfait. Le prélat revint à Châlons, aux acclamations de tout un peuple, heureux de sa délivrance.

A l'évêque Hugues succéda Guillaume de Champeaux, un des esprits les plus remarquables de ce temps, avec Abeilard et saint Bernard. Sous son épiscopat, Châlons fut témoin d'un grand spectacle: Conon, légat du Saint-Siége, y tint un concile où l'empereur d'Allemagne, Henri V, fut excommunié pour la troisième fois. A cette époque, où l'église bien souvent faisait tomber ou donnait des couronnes, un concile était un évènement qui tenait en suspens tout le monde chrétien, surtout lorsque les lugubres et imposantes cérémonies de l'excommunication venaient encore ajouter à cette solennité.

A la mort de Guillaume de Champeaux, le siége épiscopal fut offert à saint Bernard, qui le refusa, et fit nommer à sa place Geoffroy, abbé de Saint-Médard de Soissons.

L'année 1147 est encore plus remarquable dans nos annales. Le pape Eugène III se rendit à Châlons et consacra la cathédrale. La même année, le roi de France Louis VII vint dans nos murs, encore troublé par les remords vengeurs du massacre de Vitry. Saint Bernard prêcha dans le Jard la Croisade devant le monarque et sa cour. On voyait encore, en 1681, la chaire du haut de laquelle le célèbre abbé de Clairvaux acheva de déterminer Louis VII à marcher à la délivrance du Saint-Sépulcre. Le royaume de Jérusalem était alors menacé par l'irruption d'Amadeddin, fondateur de la race des Atabecks; la couronne de Godefroy de Bouillon reposait sur la tête d'un enfant de quinze ans, Baudoin III, fils de Foulques d'Anjou. Les Etats latins d'Orient penchaient vers leur ruine, et, comme au temps de l'ermite Pierre, c'était surtout vers la France que se tournaient les bras suppliants et les regards des chrétiens d'Asie.

Les commencements, du treizième siècle furent marqués dans notre ville par des luttes entre la bourgeoisie et l'évêché. L'élément populaire, qui plus tard s'appela le Tiers-Etat, faisait de nouveaux progrès dans la voie des franchises ; à Châlons les bourgeois voulurent anéantir les priviléges dont jouissaient quelques serviteurs du chapitre. L'évêque les excommunia, et comme cette mesure restait inefficace, le prélat dut en appeler à un autre pouvoir, à l'autorité royale. Le roi donna raison à l'évêque, et frappa les habitants d'une amende. Ces différends furent, dans notre cité, le signal de luttes prolongées, car, en 1227, les Châlonnais envoyaient à saint Louis des ambassadeurs pour lui demander sa médiation. Le saint roi chargea le comte Thibaut de Champagne d'apaiser ces dissensions. Elles se renouvelèrent encore à la fin du treizième siècle, et cette fois il fallut l'intervention du pape et du roi.

En 1314, l'épiscopat châlonnais subit une rude atteinte dans la personne de Pierre de Latilli, un des agents les plus dévoués de Philippe-le-Bel, dont il avait été le chancelier. A Philippe avait succédé un jeune homme de 25 ans, prodigue et dissipateur, qui n'aimait que le bruit et le désordre, et qu'on avait surnommé le Hutin. Tout entier à ses plaisirs, il se déchargea des soins de la royauté sur son oncle, le comte Charles de Valois, homme violent et orgueilleux, qui accusait les anciens ministres de son frère d'avoir annihilé son influence pendant le règne précédent. Pierre de Latilli fut une de ses premières victimes. Il fut arrêté sous la double accusation d'avoir empoisonné le roi et l'évêque qui l'avait précédé sur le siége de Châlons. Destitué de sa charge, jeté en prison, il comparut devant le concile de Senlis, présidé par Pierre de Courtenai, archevêque de Reims. Il fallait que Pierre de Latilli fût trois fois innocent pour sortir d'une semblable épreuve. Le prélat fut acquitté et rétabli sur son siége.

Quelques années auparavant (1302), Jean de Conflans, vidame de Châlons, périt à la bataille de Courtrai, où la fleur de la noblesse française, emportée par l'ardeur de Raoul de Nesle et de Robert d'Artois, alla tomber sous les maillets de fer et de plomb des communes flamandes. Hugues de Conflans, fils de Jean, fut tué peu de temps après au siége d'Aubenton.

En 1356, Renard, évêque de Châlons, périt à la bataille de Poitiers, où il commandait une partie de la chevalerie. L'historien Matteo Villani prétend que notre belliqueux évêque fut, avec un autre vaillant chevalier, le sire de Ribemont, la cause de ce désastre, qui devait porter un coup si funeste à la monarchie française. Au moment où la bataille allait s'engager, deux légats du Pape, les cardinaux de Périgord et de Saint-Vital, se rendirent auprès du prince de Galles, et l'engagèrent à faire des propositions de paix. Le prince, dont les troupes étaient de beaucoup inférieures en nombre à l'armée française, y consentit et offrit de se retirer en abandonnant tout ce qu'il avait conquis, et en prêtant serment de ne point porter, pendant sept années, les armes contre le roi de France. Un moment le roi fut indécis. C'est alors, dit-on, que le sire de Ribemont et l'évêque de Châlons lui conseillèrent d'exiger que le prince Edouard se rendît prisonnier.

Le roi, sentant sa supériorité numérique, et déjà fort peu d'avis de laisser échapper son adversaire, fit proposer au prince Edouard de nouvelles conditions, que celui-ci refusa. La bataille s'engagea, et peu de temps après le sire de Ribemont et l'évêque de Châlons tombaient sous les coups des Anglais. Que serait-il advenu si leur fatale influence ne l'avait point emporté dans l'esprit du roi Jean? Peut-être l'histoire de notre vieille France n'aurait-elle point à enregistrer les désastres qui suivirent; mais peut-être aussi Jeanne d'Arc, la bergère, n'aurait-elle jamais échangé sa houlette contre une épée.

Pendant que le roi Jean était captif en Angleterre, notre cité demeura fidèle au Dauphin, et Henri

de Bar, capitaine de Châlons, envoyé aux Etats-Généraux en 1358, paya cette fidélité de son sang, ainsi que le sire de Conflans, maréchal de Champagne. Etienne Marcel, le prévôt de Paris, envahit, à la tête de trois mille hommes armés et revêtus de chaperons rouges et bleus, le palais où se tenait le Dauphin.

« Si avint un jour, écrit Froissard, que le duc de Normandie estoit au palais à Paris a tout grand'foison de chevaliers et nobles et de prelats, le prevost de Paris des marchands assembla aussi grand'foison des communes de Paris qui estoient de sa secte et accord, et portoient iceux chaperons semblables afin que mieux se recogneussent, et s'en vint le dit prevost au palais avironné de ses hommes, et entra en la chambre du duc et lui requist moult aigrement que il voulsist entreprendre le faix des besognes du royaume, et y mettre conseil, afin que le royaume qui lui devoit parvenir fust si bien gardé que telles manières de compagnies qui regnoient n'allassent mie gastant ni robant le pays. Le duc respondit que tout ce feroit-il volontiers si il avoit la mise parquoi il le sust faire; mais celui qui faisoit lever les proufits et droitures appartenant au royaume, le devoit faire, si le fit. Je ne çais pourquoi ni comment, mais les paroles multiplièrent et tant et si haut que là endroit furent en la présence du duc de Normandie occis trois des grands de son conseil si près de lui que sa robe fut ensanglantée, et en eut-il même en grand peril; mais on lui donna un des chaperons à porter, et convint qu'il pardonnait lacelle mort de ses trois chevaliers, les deux d'armes, et le tiers de loi, si appeloit-on l'un monseigneur Robert de Clermont, gentil et noble homme grandement, et l'aultre le seigneur de Conflans et le chevalier de loi Me Regnault d'Acy, advocat. De quoi ce fut grand pitié quand pour bien dire et bien conseiller leur seigneur, ils furent là ainsi occis.»

Pendant les premières années de la guerre des Anglais, Châlons ne fut point l'objet d'attaques sérieuses. Mais en 1358, Robert Knolles et ses Anglais ravagèrent la Champagne, tandis que *les Jacques* désolaient aussi cette malheureuse province. Tout le pays de Reims fut mis à feu et à sang, ainsi que les environs de Sézanne, Epernay et Vertus. Les Anglais et les partisans de Charles-le-Mauvais, roi de Navarre, alors étroitement unis, s'emparèrent de nombreux châteaux, dans un rayon de cinq ou six lieues autour de Châlons, et delà ils venaient piller et rançonner tout le pays jusque sous les murs de notre cité. En 1359, Pierre d'Audelée et le sire d'Auberticourt, qui commandait le château de Beaufort, près de Troyes, attaquèrent Châlons par surprise pendant la nuit :

« Messire Pierre d'Audelée, quand la rivière de Marne fut tres-basse, dit Froissard, car il faisoit malement grande chaleur, assembla en secret sa compaignie, car il tenoit cinq ou six forteresses, et eut quatre cents hommes. Ils partirent la nuit de Beaufort, et chevauchèrent tant, qu'à minuit ils furent à la Marne; là, ils laissèrent leurs chevaulx à leurs varlets et passèrent l'eau à gué, n'ayant de l'eau que jusqu'à mi-corps; ils pénétrèrent dans Saint-Pierre. Les gardes de nuict, entendant les Navarrois, car, aussitôt qu'ils passoient, leurs armures sonnoient et retentissoient, de quoy les plusieurs qui cela oyaient s'en émerveilloient que ce pouvoit être. Mais bientost les Navarrois avançant, les gardes de la rue Saint-Pierre comprirent et s'écrièrent : «Par le corps Dieu, vecy ces Navarrois et ces Anglois qui viennent pour nos écheller et prendre, or tost ! or tost ! » Les ennemis renversèrent les murs et entrèrent dans la rue, où les habitants crioient : « Trahis ! trahis ! à l'arme ! » On s'arma : les premiers feurent tués, il n'y avoit pas de chefs, car le capitaine Pierre de Bar venoit de quitter avec ses cent lances, faute de payement. Cependant les bourgeois se réunissent, ils repoussèrent l'ennemi jusqu'au pont, et coupèrent le grand, et leur valut grandement. Là eut à ce point rué et lancé et trait escarmouché et fait maintes expertises d'armes. En celle riole furent-ils jusques à haut midi, quand Eudes, sire de Grancey, qui avoit eu vent de la chose, arriva avec soixante lances ; il y avait Philippe de Jaucourt, Ancel de Beaupré, Jehan de Germillon, etc ; ils arrivèrent au moment du combat du Pont. Là, le sire de Grancey fit développer sa bannière. Les Anglois, sentant qu'ils avoient failli à leur entente et que le séjourner ne leur étoit pas prouffitable se retrairent tout bellement et tout sagement, et reprinrent la voie qu'ils étoient tenus quand ils étoient venus, et issirent hors Saint-Pierre ; si treuverent sur le rivage de Marne leurs varlets qui leur avoient amenés leurs chevaux, si monterent sus, et retournerent arrière à petit conquest devers Beaufort. »

A peine remis de cet assaut, les Châlonnais eurent à repousser une nouvelle attaque dirigée contre leurs murs par Edouard III, roi d'Angleterre, qui marchait alors sur Troyes après avoir essayé vainement d'emporter Reims. Il ne fut pas plus heureux devant Châlons. En 1392, les Anglais revinrent à la charge, et cette fois pillèrent et brûlèrent l'abbaye de Toussaint.

Tous ceux qui, dans des temps plus rapprochés de nous, ont vu notre pays en proie aux calamités de la guerre, se représenteront facilement le triste état de notre cité et de ses environs dans la seconde moitié du quatorzième siècle et les premières années du quinzième. Les Anglais, les routiers, les pillards, les écorcheurs serraient tellement Châlons, qu'il était impossible de sortir des portes sans être menacé de perdre la vie. Du haut de leurs murailles, les Châlonnais voyaient chaque nuit l'horizon embrasé par la sinistre lueur des incendies, qui ajoutaient encore aux horreurs du pillage et du meurtre. En 1419, les députés, nommés par les Châlonnais aux Etats-Généraux, ne purent s'y rendre. Dans la ville, la misère, les maladies, la famine venaient se joindre au lugubre cortége de tous ces maux. En 1373, Charles V, ému des souffrances de notre cité, adressa des lettres aux Châlonnais pour les féliciter de leur dévouement à la cause royale. D'après ce document, la ville était réduite à douze cents feux taillables, au lieu de vingt-cinq mille habitants qu'elle comptait avant la guerre.

Pendant les querelles des Bourguignons et des Armagnacs, Châlons resta fidèle au duc de Bourgogne, qui représentait alors le parti royal, et lorsque les Armagnacs devinrent nombreux dans notre cité, le Conseil de ville les en expulsa.

Au mois de septembre 1419, ils essayèrent de surprendre Châlons. Ils revinrent au mois d'octobre. Le combat fut sanglant et opiniâtre. Les Châlonnais y furent encore vainqueurs. Ils avaient pris d'ailleurs de grandes précautions pour mettre la ville à l'abri d'un coup de main : on faisait le guet pendant le jour et pendant la nuit ; chaque bourgeois était tenu d'être armé et d'accourir au premier signal. Le Conseil de ville avait fait acheter douze bombardes pour en garnir les remparts. Les progrès des Anglais en Champagne ne justifiaient que trop ces mesures : ils s'étaient emparés de Vitry, Sézanne, Vertus, Epernay, tandis que Henri VI prenait le titre de roi de France. En 1426, le blocus qui enserrait Châlons depuis de longues années, empêchait encore de se rendre aux Etats-Généraux, convoqués par Charles VII, les chanoines désignés à cet effet par notre cité. Une année plus tard elle fut contrainte, pour respirer un peu, de reconnaître le roi d'Angleterre.

Au milieu des calamités et des périls de cette funeste époque, un jour plus heureux allait cependant luire pour les Châlonnais. Depuis de longues années déjà, à l'aspect des malheurs déchaînés sur notre patrie par la guerre civile et l'occupation étrangère, ils avaient dû croire que Dieu avait détourné ses regards de la France, désormais condamnée à périr. Tout-à-coup ils apprirent qu'une jeune fille, qui s'appelait Jeanne d'Arc, animée par un souffle divin, courait sus aux Anglais et jetait dans leurs rangs une invincible épouvante; qu'elle avait fait lever le siége d'Orléans, et qu'elle se dirigeait sur Reims, en passant par Troyes et Châlons. En effet, le 11 juillet 1429, Jeanne d'Arc et Charles VII entraient à Châlons. L'armée royale, mal accueillie devant Auxerre et devant Troyes, n'avait reçu dans le pays châlonnais que les démonstrations les plus enthousiastes de dévouement. C'était donc sous ces heureux auspices que le roi et l'héroïne de Domremy se présentèrent devant nos murs. « Le peuple de Châlons, son évêque en tête, se porta joyeusement au-devant du roi et de la Pucelle; tout ce pays était français de cœur. Jeanne y retrouva quelques-uns de ses compatriotes de Domremy, accourus à Châlons pour la voir passer dans sa gloire. Elle les accueillit avec autant de bienveillance et de simplicité qu'elle l'eût pu faire sous le chaume paternel. Ces bonnes gens ne se lassaient pas de la contempler et de la questionner ; comme ils lui demandaient où elle prenait tant de hardiesse, et si elle ne craignait pas la mort quand elle allait au combat : « Je ne crains que la trahison ! » répondit-elle. L'armée n'hébergea qu'une nuit à Châlons, et le dix-huitième jour de son voyage, elle aperçut enfin les tours de Notre-Dame de Reims. »

Quelques jours après, les Anglais, qui voyaient Châlons secouer leur joug, essayèrent de rentrer dans la place. Ils dirigèrent leur attaque sur le couvent des Cordeliers, situé près de la porte du Jard ; mais Eustache de Conflans les repoussa. L'année suivante (1430), après s'être joints à quelques corps bourguignons, ils revinrent au nombre de huit mille hommes pour tenter un nouvel assaut. Ils s'établirent solidement à la Croizette, village situé entre Châlons et Lépine, et qui n'existe plus aujourd'hui. Eustache de Conflans, secondé par Barbazan, gouverneur de Champagne, n'attendit pas l'attaque de l'ennemi. Il alla, au contraire, l'assaillir dans ses retranchements. Le combat fut long et meurtrier, les Châlonnais en sortirent vainqueurs.

En 1437, lorsque Charles VII, complétant l'œuvre de la Pucelle d'Orléans, portait les derniers coups à la domination anglaise, et assiégeait Montereau, Jean de Versailles, capitaine de Châlons, et Guillaume Noisette, son lieutenant, envoyèrent au roi un secours composé d'hommes, de chevaux, d'ouvriers et de munitions. Les Châlonnais rendirent pendant le siége de grands services, et, pour récompenser notre ville de son dévouement et de sa fidélité, Charles VII institua la compagnie de l'Arquebuse.

Le 5 mai de l'année 1445 vit entrer à Châlons un brillant cortége, à la tête duquel se trouvait la reine Marie d'Anjou-Sicile, le Dauphin, la Dauphine Marguerite d'Ecosse. Le roi arriva le premier juin, accompagné de la duchesse de Bourgogne, du roi de

Sicile, du comte de Foix, du connétable de Bourbon, du comte de Saint-Pol, et d'une cour nombreuse et brillante. Charles VII séjourna tantôt à Châlons, tantôt au château de Sarry, résidence de nos évêques, et dont les eaux limpides et les vertes pelouses offraient plus d'un plaisir à la noble assemblée.

Il y eut fêtes au Jard et dans la cité, joutes, combats, lices, festins. La politique n'avait point été étrangère à ce déplacement de la cour, et pendant sa présence à Châlons, comme sur un terrain neutre, Charles VII acheva d'y éteindre des ressentiments qui, depuis de longues années, se perpétuaient dans de tristes discordes. C'est ainsi qu'il fit la paix avec le duc de Bourgogne, et qu'il le réconcilia avec le roi de Sicile. Il tint dans le cloître un lit de justice, où il termina l'affaire du comte d'Armagnac, prisonnier depuis longtemps. Ce dernier fut mis en liberté et recouvra ses domaines.

Au mois d'août, la cour était encore à Châlons, lorsqu'un triste évènement vint répandre le deuil au milieu de ces fêtes. La Dauphine, Marguerite d'Écosse, mourut après quelques jours de maladie : « C'était une noble créature, ardente de cœur et de tête, frêle de corps ; passionnée pour la poésie et les arts, elle passait les jours et les nuits à lire et à faire des vers. Sa santé altérée, dit-on, par les veilles et par les inquiétudes d'une pensée trop active, ne résista pas au chagrin de propos calomnieux qu'accueillit son ombrageux époux, toujours enclin à croire le mal. Elle en fut frappée au cœur ; à la suite d'une promenade par une chaude journée de l'été 1445, une pleurésie se déclara et l'enleva en quelques jours ; ses dernières paroles furent : « Fi de la vie ! qu'on ne m'en parle plus ! »

Les dernières années du xve siècle furent marquées à Châlons par les affreux ravages de la peste. L'évêque et le clergé abandonnèrent la ville pour échapper au fléau ; les affaires publiques et privées furent interrompues, et la cloche funèbre, dont il n'était permis de sonner qu'un seul coup pour chaque décès, annonçait aux survivants épouvantés la marche progressive ou décroissante de la contagion.

Au commencement du seizième siècle, notre ville recouvra un peu de calme. La guerre avait changé de terrain, elle avait passé les Alpes. L'ère des grandes luttes en Italie venait de s'ouvrir; notre commerce se développa. Depuis le douzième siècle surtout, les draps et les serges de Châlons étaient en grande réputation. Il s'en faisait, non seulement dans les foires de Champagne et en France, une vente considérable, mais encore ces produits étaient l'objet d'une exportation importante dans les autres parties de l'Europe. Aussi les drapiers et les sergiers étaient-ils à Châlons une véritable puissance, contre laquelle l'évêque et le pouvoir municipal eurent à lutter plus d'une fois. Le commerce châlonnais, si l'on excepte les terribles épreuves qu'il eut à subir pendant les guerres de la Jacquerie et l'invasion anglaise, fut en progression jusqu'à la fin du dix-septième siècle. La révocation de l'édit de Nantes et quelques autres évènements lui portèrent un coup fatal, et en précipitèrent la décadence.

Au milieu de cette tranquillité relative dont jouissaient les Châlonnais dans la période qui s'écoula de

1504 à 1515, le pouvoir municipal et l'évêché, dont la rivalité avait été absorbée dans les grandes préoccupations du siècle précédent, se trouvèrent de nouveau en présence. En 1504, Gilles de Luxembourg, nommé évêque de Châlons, refusa de prêter le serment exigé de ses prédécesseurs, celui de sauvegarder les libertés municipales, et ce ne fut qu'après une vive contestation et devant la ferme attitude du Conseil de ville qu'il consentit enfin à remplir cette formalité.

Les années 1516 et 1517 ramenèrent à Châlons une partie des maux du siècle précédent. La guerre entre Charles-Quint et François Ier avait rapproché les hostilités de nos murs; des bandes de pillards et de bandits parcouraient les campagnes. On fit bonne garde dans notre ville. En 1521 la peste se déclara de nouveau. Elle fut encore terrible ; elle chassa de Châlons la plus grande partie des habitants ; le Conseil de ville alla s'établir à Matougues. Au milieu de la démoralisation générale, des voleurs s'introduisaient dans notre cité et poussaient l'audace jusqu'à attaquer de vive force les maisons pendant la nuit.

En 1535, la cour vint à Châlons. La ville avait fait de grands préparatifs pour recevoir ses illustres hôtes. Quatre théâtres, où furent représentés des *mystères*, avaient été dressés à la porte Saint-Jacques, au carrefour Notre-Dame, devant l'hôtel de ville et l'hôpital.

C'est à cette époque que l'importance administrative de Châlons commença à grandir. Quelques années après (1543), François Ier y établit un siége particulier du bailliage de Vermandois. En 1551, cette juridiction fut remplacée par un bailliage et siége présidial.

L'année suivante, Henri II arriva dans nos murs. Il se proposait alors d'envahir l'Allemagne, et, à cet effet, il avait rassemblé, près de Châlons, une armée de trente mille fantassins et de huit mille chevaux. Lorsqu'il se présenta à la porte Saint-Jacques, une petite fille habillée de blanc en descendit et vint lui offrir les clefs de la ville. Voulant laisser aux Châlonnais un souvenir de son passage, Henri II leur donna des lettres patentes qui les dispensaient de payer les tailles qui pourraient être établies à l'avenir. La cour des aides refusa d'enregistrer cette libéralité; elle ne s'exécuta que sur un ordre formel du roi. Quelques jours après, Châlons reçut la visite du Dauphin. Frappé du grand nombre de mendiants qui circulaient dans la ville, il exprima le désir que des secours réguliers fussent institués pour le soulagement de ces malheureux. Ce fut l'origine, à Châlons, des établissements de bienfaisance (1552). C'est aussi de cette époque (1557) que date la rédaction de la Coutume de Châlons. Ce monument fut l'œuvre de trois jurisconsultes célèbres, Christophe de Thou, Barthélemi Faye et Jacques Viole, conseillers au Parlement. Les articles qui le composent furent discutés et arrêtés dans une assemblée générale des députés des trois ordres.

La réforme religieuse, qui faisait alors en France d'importants progrès, allait être, dans notre pays, le signal d'évènements multipliés. La situation de Châlons près des frontières de l'Allemagne en avait fait un des centres principaux d'où le protestantisme se développa dans les provinces de l'Est. Avant 1560, les prédications réformistes étaient fréquentes dans notre cité, et, dans cette dernière année, le Conseil de ville défendit ces assemblées. Le massacre de Vassy (1562), qui fut le signal de la guerre civile, donna à Châlons un nouvel essor au protestantisme. Il y comptait alors parmi ses adhérents plusieurs bourgeois notables. Ils demandèrent à construire un temple; le Conseil de ville ne voulut point leur en donner l'autorisation. Les protestants coururent aux armes, une lutte s'engagea, et se termina par la dispersion des réformés et la pendaison des deux chefs de la révolte.

A cette époque, Châlons était encore, plus que de nos jours, une position importante entre l'Allemagne et la capitale de la France; aussi, la royauté mettait-elle tous ses soins à se la conserver. Cette préoccupation, que nous avons déjà remarquée dans les siècles précédents, se retrouve à chaque instant pendant le règne des derniers Valois et celui de Henri IV. En 1568, le roi recommandait au capitaine de ville de faire bonne garde. En 1574, Charles IX écrivait au Conseil pour lui recommander de veiller à la sûreté de Châlons.

Lorsque la Ligue s'organisa, les Châlonnais, trompés sur les intentions des Guises, s'étaient ralliés assez franchement à ce parti. En 1570, le duc de Guise venait habiter Châlons. Il en sortit quelques mois après, en y laissant des dettes nombreuses et un buffet rempli d'or que ses créanciers se partagèrent. En 1580, deux capitaines commandaient à Châlons : M. du Castel pour le roi, et Philippe de Champagne pour les Guises. Cette situation se prolongea jusqu'en 1585, époque où notre ville devint le principal boulevart de la Ligue dans les provinces de l'Est. Le duc de Guise en ayant pris possession, M. de Dinteville, lieutenant-général de Champagne, se retira à Troyes.

Au mois de mai de la même année, la reine-mère, Catherine de Médicis, vint à Châlons, envoyée par le roi pour entrer en arrangements avec le duc de Guise. Elle fut, dit-on, mal accueillie par le duc, qui, loin de céder à son influence, posa à Henri III des conditions qu'il fut contraint d'accepter. Cette entrevue fut un des préliminaires de la paix de Nemours, signée le 5 juillet 1585, par laquelle notre ville fut donnée comme place de sûreté aux chefs de la Ligue.

Depuis quelques années, Châlons s'était montré favorable à ce dernier parti; mais les évènements qui précédèrent l'assassinat de Henri III, en dévoilant plus complètement les ambitieux projets des ligueurs, ramenèrent notre cité dans le parti royal. Elle expulsa les officiers du duc de Guise, et reçut à cette occasion une lettre de Henri III, dans laquelle il la remerciait de sa fidélité. MM. de Dinteville et de Thomassin furent rappelés, et le serment de fidélité de nouveau prêté au roi. Les ligueurs essayèrent en vain de reprendre pied dans nos murs; le bon sens des Châlonnais avait fait pour jamais justice de l'ambition de ce parti. Ils firent plus, ils contribuèrent à chasser les ligueurs des places environnantes. C'est ainsi que, sous la conduite de Robert de Joyeuse, comte de Grandpré, ils s'emparèrent du château de Pringy, en ce moment au pouvoir du comte de Saint-Pol, gouverneur de Reims pour la Ligue. Saint-Pol se retira à Vitry, qui lui fit bon accueil. Ce fut pour punir cette dernière ville de sa trahison que, par décision royale, le bailliage de Vitry fut quelque temps après réuni à celui de Châlons.

La mort de Henri III vint alors rendre vacant le trône de France, et donner de nouveaux aliments aux factions qui déchiraient la monarchie. Le Parlement de Paris se démembra, une Chambre fut établie à Châlons, dont le ressort s'étendait à la Picardie, la Champagne et la Brie, sous la présidence de de Thou et de Nicolas Pothier. Les autres Chambres furent transférées à Tours. Cette fraction du Parlement, qui était venue chercher un abri dans notre ville, favorisait le parti du Béarnais, et suivait en cela la même ligne politique que notre cité. Châlons fut une des premières places du royaume qui reconnut Henri IV. C'est là sans doute la cause de l'affection dont ce monarque ne cessa, pendant son règne, de donner aux Châlonnais les preuves les plus honorables; et ces derniers ne se bornèrent point à acclamer Henri, mais ils l'aidèrent à recouvrer une partie de la Champagne, en s'emparant des châteaux de Conflans, Bussy-Lettrée et Aulnay-aux-Planches, encore au pouvoir de bandes ennemies, qui ne cessaient de piller et d'inquiéter le pays.

En 1591, Henri IV vint à Châlons, en se rendant au siége d'Epernay; quelque temps auparavant il écrivait à M. de Thomassin : « Croyez, je vous prie, que je désire infiniment aller en mon pays de Champaigne pour nettoyer complètement cette province et en chasser mes ennemis, comme j'ai faist depuis troys mois de celles du Mayne, d'Anjou et de Normandie, ce que j'espère faire bientost. » Lors de ce passage dans notre ville, il ordonna de frapper des médailles dont le revers portait ces mots : *Cathalaunensis fidei monumentum* ; et il terminait une lettre adressée au Conseil de ville, par ce mot : *Ne m'ou-*

bliez mie! qui, sous la Restauration, figurait encore sur le drapeau de notre milice bourgeoise.

Dans cette même année, le nonce Landriano avait apporté en France, dès la fin d'avril, une bulle de Grégoire XIV, qui renouvelait l'excommunication fulminée jadis par Sixte V contre le roi de Navarre. La chambre du Parlement, établie à Châlons, rendit, le 10 juin 1591, un arrêt qui déclarait nulle la bulle de Grégoire et toutes autres, ordonnait qu'elles seraient brûlées en place publique par la main du bourreau; décrétait la prise de corps contre le nonce, comme entré clandestinement dans le royaume sans permission du roi. En 1592, le cardinal de Plaisance, légat de Clément VIII, renouvela les censures prononcées contre le Béarnais, et invita la France, au nom du Saint-Père, à élire un roi orthodoxe. Le Parlement de Châlons en appela comme d'abus, et rendit un arrêt qui déclarait coupable de lèse-majesté quiconque prendrait part à cette élection, et condamnait la ville où les États se tiendraient à être rasée de fond en comble.

L'abjuration de Henri IV, en 1593, rendit à la

France quelque tranquillité, et ramena le calme dans notre cité. Au milieu des grandeurs d'un trône si chèrement et si glorieusement acheté, le Béarnais donna à ses fidèles Châlonnais de nouvelles marques de sa reconnaissance. Il confirma leurs priviléges et les déchargea du service de la contribution personnelle.

En 1601, au mois de juillet, le roi revint à Châlons, accompagné des ducs de Montpensier, d'Aiguillon et de Rohan. A la porte Marne, on lui présenta les clefs de la ville, il les repoussa doucement en disant, avec cet aimable et fin sourire qui lui gagna peut-être autant de villes que son épée : « Que les clefs qu'il demandait étaient les cœurs des habitants.» Il revint, en 1603, accompagné de la reine. En 1609, il déclara franches les foires de la ville, et défendit à tous officiers marchant avec troupes d'approcher de Châlons à plus de trois lieues. L'année suivante, le poignard de Ravaillac enlevait aux Châlonnais leur roi et leur ami. Soixante-dix lettres restent encore dans nos archives, et attestent l'affection de Henri pour notre cité. Ces rapports avec le bon roi sont demeurés un des plus remarquables et des plus touchants épisodes de nos annales.

Pendant la Fronde, Châlons demeura fidèle à la royauté, et chassa de ses murs un des frondeurs, le duc de Nevers, qui d'ailleurs, en voulant augmenter les impôts, avait pris un étrange moyen pour y faire triompher l'influence de son parti (1619).

En 1653, Louis XIV passa à Châlons, en se rendant au siége de Sainte-Menehould, alors au pouvoir du prince de Condé. Lorsqu'on lui présenta les clefs de la ville : « Gardez-les, dit-il, elles sont entre bonnes mains. » Le roi était accompagné de la reine, du duc d'Anjou et du cardinal Mazarin. La présence de l'armée royale ramena un peu de tranquillité dans le pays châlonnais, inquiété par des compagnies de frondeurs. Après le départ du roi, l'ennemi recommença à menacer la ville, et elle fut contrainte d'acheter du prince de Condé une sauvegarde, qui la protégea jusqu'à la fin de la guerre.

L'année 1657 fut marquée par un évènement qui

eut pour notre cité les conséquences les plus funestes. Le roi avait augmenté de 18,000 livres la taxe des octrois de la ville. Une assemblée générale du Conseil et des habitants décida que chaque pièce de serge exportée serait frappée d'un droit de dix sols. Cette disposition mit en état de révolte les corps de métiers qui se rattachaient à cette industrie. Ils s'armèrent, maltraitèrent le lieutenant de ville et le gouverneur, tuèrent un des échevins. Ces désordres provoquèrent l'expulsion des ouvriers étrangers à la ville, et firent sortir de nos murs 1,250 familles de négociants et un grand nombre d'ouvriers. Le commerce, qui faisait la principale richesse de notre cité, fut presque complètement anéanti ; la révocation de l'édit de Nantes lui porta le dernier coup.

A partir de cette époque jusqu'à la révolution de 1789, l'histoire de notre ville n'a plus à enregistrer que des évènements d'un ordre secondaire. Tels sont, en 1671, le mariage, à la cathédrale, du duc d'Orléans avec la princesse Palatine, et, en 1680, celui du grand Dauphin avec Marie-Antoinette de

Bavière, en présence de Louis XIV. En 1717, le passage, à Châlons, du czar Pierre-le-Grand ; en 1744, la présence, dans notre cité, du roi Louis XV, et de Louis XVI, alors dauphin, en 1770.

Notre ville s'associa franchement aux brillantes espérances que le mouvement révolutionnaire avait fait concevoir tout d'abord, et la première scène remarquable de ce grand drame, dont Châlons ait été le théâtre fut, en 1791, le passage et le retour du roi, lors de la fuite de Varennes. Lorsque le malheureux monarque arriva à Châlons, le 21 juin, se dirigeant sur Sainte-Menehould, le maître de poste le reconnut, et, plein de respect pour cette auguste infortune, il ne divulgua point la présence de la famille royale. Louis XVI, arrêté à Varennes, reparut le lendemain dans nos murs, captif, entouré de baïonnettes. Par une de ces oppositions étranges, dont la fortune des rois offre plus d'un exemple, ce fut par la porte Dauphine, élevée naguère en l'honneur de Marie-Antoinette, que la reine entra dans Châlons, mais, cette fois, prisonnière, tremblante, et faisant les premiers pas dans cette voie sinistre qui allait aboutir à l'échafaud. Dans ce triste jour, les clameurs forcenées avaient remplacé les cris d'allégresse ; ce n'était plus un peuple en habits de fête, qui courait au-devant de sa souveraine, mais une foule hideuse et menaçante formait, le 22 juin, le sombre cortége de la royauté.

La famille royale entendit la messe dans la chapelle de l'Intendance, elle repartit le lendemain pour Paris, accompagnée des trois commissaires que l'Assemblée nationale avait envoyés au-devant d'elle.

Puis vinrent ces années où la France fut déchirée au-dedans par la guerre civile, menacée au-dehors par l'étranger. Châlons paya son tribut à cette folle ivresse qui s'empare d'un peuple, lorsqu'il a goûté pour la première fois à ce précieux mais excitant breuvage qu'on appelle la liberté. Mais, quoique la guillotine demeurât quelque temps en permanence sur une de nos places, elle ne fut point rougie par le sang, et fut plutôt, dans notre cité, le signe menaçant des vengeances populaires, que l'actif instrument de notre liberté.

C'est surtout au maire de Châlons, dans ces temps d'orages, à M. Moignon, que notre ville fut redevable de ne point ajouter quelques noms à la liste des victimes de la révolution. Il montra, dans ses difficiles et périlleuses fonctions, une infatigable énergie et surtout une courageuse franchise, qui n'hésita point à flétrir, jusque dans le sein de l'Assemblée nationale, les excès de la révolution, en présence même de ses plus sanguinaires agents. C'est ainsi que, en 1792, il apaisa, en se jetant seul et sans armes au milieu d'une foule prête à faire couler le sang, une émeute soulevée dans nos murs entre des volontaires de la Creuse et de l'Indre. La même année, lorsqu'on apprit à Châlons les excès commis le 20 juin, à Paris, dans cette terrible journée où le Roi et le Dauphin furent coiffés du bonnet rouge et le palais des Tuileries envahi, M. Moignon, au nom de la municipalité châlonnaise, envoya à l'Assemblée législative une adresse où l'on remarque ces lignes :

« Et nous aussi nous demandons le règne de la liberté; mais de la liberté avec la loi et le respect des autorités qu'elle établit ; avec la loi, sans laquelle périssent bientôt les plus florisssants empires. Nous détestons les oppresseurs et les tyrans, de quelque espèce qu'ils soient ; mais un roi uni aux législateurs, un roi veillant sur le dépôt sacré de nos lois, les défendant des atteintes de tous leurs ennemis, sert utilement la patrie, il sera toujours cher à nos cœurs. »

Et lorsque Billaud-Varennes, alors de passage dans notre ville, s'écriait en parlant des Châlonnais : « Eh quoi ! ils n'ont pas égorgé un gentilhomme, pas brûlé un château, pas pendu, pas même dénoncé un aristocrate ! Tous les seigneurs des environs vivent tranquilles dans leurs domaines ! quelle apathie ! quelle léthargie ! pas un élan, pas un coup de tête chez nos moutons ; ils seront toujours troupeau, jamais ils ne mériteront la liberté ! » Et il écrivit immédiatement à la Convention pour dénoncer la tiédeur, l'incivisme des autorités municipales. En réponse, M. Moignon rédigea une éloquente protestation, qui fut adressée à l'Assemblée nationale :

« Nous aimons à croire, disait-il, que le sieur Billaud-Varennes a mérité, par son patriotisme, les pouvoirs dont il est investi ; mais nous lui dirons que le véritable patriotisme, assemblage de toutes les vertus, ne sonne le tocsin sur personne, qu'il ne cherche point par des imputations calomnieuses à désorganiser les autorités constituées et à mettre les membres patriotes sous le fer des assassins. Nous lui dirons qu'il a manqué au premier devoir de sa mission, c'est-à-dire à la vérité, qui doit être l'idole de tout fonctionnaire public. Nous lui dirons qu'en écrivant qu'il n'existait qu'un seul citoyen bon patriote à Châlons (Prieur), il a écrit tout à la fois une absurdité et une imposture ; nous lui dirons que, si ses collègues, qui parcourent au nom du Pouvoir exécutif les différentes parties de la France, confondaient ainsi le patriote avec l'aristocrate, et versaient la calomnie sur toutes les autorités constituées, nous n'aurions pas besoin des tyrans de la Germanie pour nous remettre sous les fers du despotisme ; l'anarchie intérieure et toutes les horreurs de la guerre civile nous y auraient bientôt replongés....

« Législateurs, des commissaires choisis dans votre sein, et connus par leur patriotisme, sont dans nos murs ; qu'ils soient nos juges, qu'ils examinent notre conduite ; nous ne demandons pas grâce, mais justice la plus sévère. Si nous ne paraissons pas à la barre de l'Assemblée, c'est que nous avons juré de mourir à notre poste, et nous serons fidèles à notre serment. »

M. Moignon faillit plus tard payer de sa vie ce noble dévouement à la cause de l'humanité et de la vraie liberté : détenu longtemps au Luxembourg, il ne dut son salut qu'au renversement du régime de la Terreur.

Pendant cette époque, Châlons eut à subir de rudes épreuves, la misère, la famine, et s'imposa de grands sacrifices. Dans un rapport, le représentant Ruhl, en tournée dans les départements de l'Est, a constaté « qu'il ne restait pas à Châlons un seul homme valide de 18 à 40 ans, que tous étaient volontairement partis pour l'armée, qu'il ne restait que cinq chevaux de luxe, et qu'il les avait mis tous en réquisition. » La population se trouvait alors réduite à six mille âmes.

L'avènement de l'Empire rendit peu de calme à notre ville, les guerres successives avec l'Allemagne faisant de Châlons un des principaux points du passage des troupes. Pendant les campagnes de France en 1814 et en 1815, notre cité, comme aux plus mauvais jours de son histoire, allait être livrée à tous les maux de la guerre. Déjà, en 1813, Châlons était encombré de blessés, décimés par une épidémie cruelle, le typhus, qui fit aussi de nombreuses victimes parmi les habitants.

Tandis que nos armées victorieuses faisaient flotter le drapeau de la France sur presque toutes les capitales de l'Europe, Châlons avait vu souvent passer dans ses murs un homme au front soucieux, à la voix brève, au regard énergique, que les rares curieux qui entouraient sa voiture apercevaient comme affaissé sous le poids de sa pensée : c'était l'Empereur. Il séjournait peu dans notre ville, le temps d'y prendre un rapide repas et de changer de chevaux. La dernière fois qu'il vint à Châlons, l'expression de son visage était plus sombre encore, ses yeux reflétaient un feu intérieur, sa voix était plus vibrante ; c'est qu'alors la France était envahie par l'étranger, c'est que la monarchie fondée par quinze années de guerres et de travaux s'écroulait sous l'effort de l'Europe coalisée.

En 1814, le duc d'Yorck, à la tête de douze mille hommes, parut devant Châlons ; un combat s'engagea dans les jardins, au sud-est de la ville. Pendant ce temps le corps ennemi prenait position, et le lendemain, 5 janvier, la ville fut bombardée, et offrit en quelques heures l'aspect de la plus complète désolation. Des incendies se déclarèrent dans plusieurs quartiers, tandis que la rue de Marne et les faubourgs étaient encombrés de fuyards. Enfin le maire, M. Ducauzé de Nazelles et l'abbé Lambert, curé de Saint-Alpin, à la tête de quelques-uns de leurs concitoyens, allèrent trouver le général ennemi et obtinrent une capitulation.

Au mois de juillet 1815, Châlons tomba de nouveau au pouvoir des alliés; plusieurs combats furent livrés sous ses murs, défendus par la garnison et une partie des habitants. Malgré cette résistance, notre ville dut encore capituler et fut mise au pillage. M. Ducauzé de Nazelles fut tué d'un coup de lance en voulant arrêter le désordre. Ces tristes épisodes, ces longues souffrances causèrent à Châlons des pertes que, naguère encore, le temps n'avait point entièrement réparées.

On a dit quelquefois : heureux les peuples qui n'ont point d'histoire! Disons à notre tour : heureuses les villes qui peuvent, comme notre cité, offrir dans leurs annales, même au prix des plus grands sacrifices, l'exemple constant de la fidélité au malheur, du dévouement à la patrie commune et du courage devant l'ennemi !

MONUMENTS

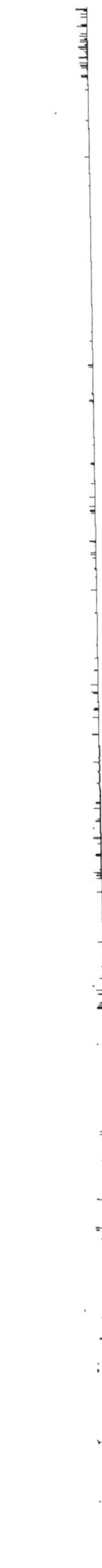

MONUMENTS

Monuments civils et religieux. — Etablissements publics les plus remarquables. — Archives. — Bibliothèque. — Musée. — Le Jard. — Collections particulières.

Avant 1789, Châlons possédait un grand nombre de monuments : on y comptait treize ponts, treize portes, treize couvents, treize églises. Aussi notre cité était-elle surnommée la ville aux belles flèches. Mais le temps et les révolutions ont détruit la plus grande partie de ces édifices, élevés par la foi de nos pères. Nous allons retracer rapidement l'histoire de ceux qui s'offrent encore aujourd'hui aux regards du voyageur et de l'artiste.

ÉGLISE SAINT-JEAN.

L'église Saint-Jean fut, dans l'origine, une simple chapelle, élevée par saint Memmie et dédiée à saint Jean-le-Précurseur.

Didier, cinquième évêque de Châlons, l'agrandit, et lorsque Guy de Joinville consacra la nouvelle église, en 1165, elle avait à peu près les mêmes dimensions qu'aujourd'hui.

Le centre du transept est du douzième siècle; le chœur, restauré en 1603, est du treizième au quatorzième siècle. Les deux chapelles, placées de chaque côté du transept, et le portail, sont du quatorzième siècle. Les deux autres parties du transept ont été construites au quinzième, le clocher date du dix-septième siècle.

Parmi les tableaux que renferme cette église, on remarque :

Un *saint Sébastien, martyr*, peint par Philippe de Champagne, placé à gauche, dans la nef du milieu.

Un *Ecce homo* et une *Mater dolorosa*, placés tous deux dans la chapelle du fond, située à droite du chœur.

ÉGLISE NOTRE-DAME.

Selon la tradition, l'église Notre-Dame aurait succédé, dans le lieu où elle s'élève aujourd'hui, à une chapelle fondée par saint Memmie, hors des murs de la ville, et qui s'appelait Notre-Dame-en-Vallées, ainsi qu'à une église plus vaste que saint Alpin fit construire à la place de l'humble chapelle.

En 1157, le monument élevé par saint Alpin s'écroula tout-à-coup. En 1183, le chœur, les transepts, les chapelles situées derrière le chœur étaient déjà reconstruits. La nouvelle église était sans doute achevée, lorsque Pierre de Latilli la consacra, en 1322.

Les tours, le sanctuaire, les chapelles et les deux transepts sont du douzième siècle; les grandes nefs, les chapelles, les autels, du treizième. Le porche du portail sud date du quinzième siècle.

Avant la révolution, le maître-autel était en argent doré; en 1791, il fut remplacé par un autel à colonnes de marbre. A cette époque, les quatre tours étaient surmontées de flèches en bois, recouvertes de plomb, et ornées de peintures du quatorzième et du quinzième siècle. Trois d'entre elles furent détruites à la révolution, et l'église Notre-Dame serait sans doute encore dans cet état, si son curé actuel, M. Champenois, n'avait voué son existence à la rénovation de ce bel édifice.

Depuis quelques années, une seconde flèche a été reconstruite; l'intérieur de l'église, dont les moulures et les sculptures disparaissaient sous une épaisse couche de badigeon, a été complètement nettoyé et réparé; le sol de l'édifice a été abaissé jusqu'à son ancien niveau. On peut dire maintenant que l'église Notre-Dame est un des plus beaux monuments de ce genre. Peut-être sera-t-il donné à ceux qui ont vu commencer l'œuvre réparatrice, d'apercevoir aussi ce remarquable édifice élevant vers le ciel quatre flèches élégantes et hardies, semblables à celles dont l'avait doté la foi de nos aïeux.

ÉGLISE SAINT-LOUP.

C'est encore à saint Memmie qu'on attribue la fondation de l'église Saint-Loup, dédiée d'abord à saint Jacques.

Elle fut reconstruite au commencement du quatorzième siècle, puis encore démolie et reconstruite dans les premières années du quinzième siècle.

Parmi les tableaux que renferme Saint-Loup, on remarque :

Un *saint François d'Assise*, de l'école espagnole.

Ananie rendant la vue à Saül, de Rousseau.

L'adoration des Mages, tryptique, dont la peinture intérieure est attribuée au Primatice.

Une *sainte Madeleine, morte*, de Simon Voët.

On peut signaler encore, dans l'église Saint-Loup, une statue en bois, probablement du seizième siècle, et représentant un *saint Christophe, les pieds dans un torrent et portant sur son épaule l'Enfant-Jésus.* Elle retrace un touchant épisode de la vie de saint Christophe. Voici la légende :

Christophe était un païen d'une taille élevée, d'une force herculéenne et d'une santé robuste, mais assez pauvre d'esprit. Lorsqu'il fut au moment de choisir une carrière, il se sentit pris d'un désir immodéré de servir le plus puissant maître du monde, et ce maître lui parut être l'empereur qui gouvernait alors le monde romain.

Admis au nombre des serviteurs du palais impérial, Christophe accomplissait les fonctions subalternes à lui confiées, avec cette quiétude de l'homme au comble de ses vœux, lorsqu'un certain jour, un des rares chrétiens qui se mêlaient alors à la cour de l'empereur, lui apprit qu'il y avait au monde un plus puissant que leur maître à tous deux. Et il lui nomma le diable. Christophe, tourmenté de nouveau par son idée fixe, quitta son poste, et se mit à parcourir le monde pour rencontrer le diable. Mais sans doute Satan se rit de ses efforts, ou plutôt se cacha si bien dans l'escarcelle de Christophe, que celui-ci, à bout d'argent et de forces, arriva bientôt épuisé, près de la demeure d'un ermite. Le saint homme, apercevant le voyageur dans ce triste état, en eut pitié. Christophe lui raconta l'objet de son long pélerinage, et fut saisi d'étonnement, lorsque l'ermite lui apprit que Dieu était encore plus puissant que le diable.

« Comment donc pourrai-je servir Dieu, s'écria Christophe. — Mon fils, répondit l'ermite, on sert Dieu par la prière, le jeûne et l'aumône. — Hélas, dit Christophe en soupirant, je ferais donc un bien mauvais serviteur de Dieu, car de prières, je n'en sais pas, mon estomac est tellement exigeant qu'il ne veut point attendre, et je n'ai pas une obole dans mon escarcelle.

» — Qu'à cela ne tienne, mon fils, reprit l'ermite, il est encore d'autres moyens de servir Dieu ; les bonnes œuvres en sont un des plus agréables à la divinité. Vous apercevez à quelque distance de cet ermitage un ruisseau torrentueux, qui descend de la montagne. Il traverse une route suivie par de nombreux voyageurs, et, comme il n'existe point de pont, voyageurs et marchandises traversent l'eau, souvent à grande perte et grand dommage, surtout lorsqu'un orage a subitement enflé ce torrent. Placez votre cabane auprès de ce cours d'eau ; vous passerez sur vos épaules vigoureuses marchandises et voyageurs, et vous servirez Dieu en servant votre prochain. » Christophe suivit le conseil de l'ermite.

Depuis quelque temps déjà il se livrait à ce rude labeur, lorsqu'un jour un petit enfant vint le prier de le porter sur l'autre rive. Christophe, insoucieux de ce léger fardeau, prit l'enfant d'une main, le plaça sur son épaule, et, saisissant gaîment son long bâton, entra dans l'eau. Mais à mesure qu'il avançait, ce poids, que d'abord il sentait à peine, augmentait à chaque pas; et lorsque Christophe fut arrivé au milieu du torrent, il demeura en quelque sorte cloué au sol, sans pouvoir réagir contre la force qui triomphait de sa vigueur.

« Mon Dieu, s'écria-t-il, en s'appuyant sur son bâton, haletant et vaincu, est-ce que je porte le monde sur mes épaules ! » Il entendit alors une douce voix qui lui disait : « Tu portes plus que le monde, car tu portes le Sauveur du monde. » Et Christophe levant la tête, vit l'Enfant-Dieu et sa croix, qui rayonnaient à ses yeux ébahis. Ils disparurent aussitôt.

Lorsque Christophe put atteindre la rive, il planta en terre son long bâton, qui se couvrit aussitôt de feuilles et de fleurs.

ÉGLISE SAINT-ALPIN.

L'église Saint-Alpin ne fut d'abord qu'une chapelle dédiée à saint André; le corps de saint Alpin y ayant été transféré au neuvième siècle, elle fut depuis lors sous le vocable de ce saint évêque.

Cette chapelle fut détruite en 1136 par Geoffroy Ier, évêque de Châlons, et reconstruite sur un plus vaste plan.

La grande nef, les deux gros piliers à l'entrée du chœur, le centre du grand portail et le transept sont du douzième siècle. Le chœur, le centre de la croix, le clocher et le portail de la rue Saint-Alpin sont du quinzième.

L'église Saint-Alpin renferme de belles pierres tombales et des vitraux remarquables. Parmi les tableaux, on peut signaler :

Un *Christ*, d'Albert Durer, avec cette inscription placée au bas :

> O vrày rédempteur des humains,
> Qui pour nous souffris passion,
> Je te requiers à joinctes mains
> De mes péchés rémission.

Plusieurs tableaux des frères Bassan, peintres vénitiens du seizième siècle, représentant des scènes de la Passion, telles que :

Saint Pierre coupant l'oreille à Malchus;

La Flagellation de Jésus; le Crucifiement de Jésus;

Un *Ecce homo,* sur fond d'or;

Les disciples d'Emmaüs;

Un Saint en prière, penché sur un crucifix;

Jésus courbé sous le poids de sa croix, et suivi par un des deux larrons.

Ces deux derniers tableaux, peints sur bois, et placés en regard l'un de l'autre, dans la chapelle dite du *Dieu de pitié*; elle renferme une statue du Christ assis, les mains liées et couronné d'épines.

LA CATHÉDRALE.

Il existe sans doute en France peu de monuments, qui aient eu à subir d'aussi nombreuses vicissitudes que notre Cathédrale, et il n'en est point certainement que le feu du ciel ait aussi souvent menacé d'une entière destruction.

En 486, Florent, évêque de Châlons, éleva une église au lieu où, trente-cinq ans auparavant, saint Alpin avait fondé une chapelle dédiée à saint Vincent. Cette église, achevée seulement en 625, fut encore agrandie sous Charles-le-Chauve, par la construction d'une tour au nord, et de trois chapelles, dont l'une, dédiée à Saint-Etienne, sous le vocable duquel l'édifice entier fut placé quelques années après.

Détruite en partie pendant les démêlés de Raoul et d'Herbert, comte de Vermandois, la Cathédrale fut restaurée, et resta dans cet état jusqu'en 1138, où elle fut presque entièrement détruite par le feu du ciel.

Reconstruite neuf années après, la nouvelle église

fut consacrée par le pape Eugène III, assisté de saint Bernard.

En 1230, elle fut encore en partie ravagée par le feu du ciel. C'est alors que furent édifiés les transepts actuels et une partie de la nef.

Gilles de Luxembourg, évêque de Châlons, fit élever, en 1520, sur la tour du nord, une flèche en bois, recouverte en plomb, d'une hauteur de 95 mètres (285 pieds), non compris la maçonnerie qui en formait la base. Cette flèche, la plus belle du royaume, était ornée de peintures et de dorures.

Les années 1624 et 1628 virent construire deux nouvelles travées, et le grand portail qui existe aujourd'hui.

Au mois de janvier 1668, le feu du ciel incendia pour la troisième fois l'église cathédrale, et anéantit l'admirable flèche de Gilles de Luxembourg. La même catastrophe détruisit la voûte du sanctuaire, la couverture de l'église, le grand-autel, plusieurs châsses de saints, le jeu d'orgue et les stalles.

Ce désastre fut réparé en 1672; on construisit deux flèches de pierres découpées à jour, un jubé que la révolution a détruit ; le chevet fut agrandi, et on édifia de nouvelles chapelles.

Ravagée pendant la révolution, comme toutes les églises de notre ville, la Cathédrale retomba, en 1802, au rang d'église paroissiale, l'évêché de Châlons ayant été réuni à celui de Meaux ; il ne fut rétabli qu'en 1823.

En 1821, les deux flèches, menaçant ruine, furent démolies et reconstruites sur le même dessin. En 1859, ces nouvelles flèches ont été détruites comme offrant encore trop peu de solidité.

Le jeu d'orgue, les stalles et le portail sud ont été construits en 1846, 1847 et 1850.

L'église Cathédrale renferme de beaux vitraux et des tableaux, parmi lesquels on remarque :

La Consécration de la Cathédrale, par le Pape Eugène III, tableau peint sur bois et retouché à différentes époques. Il paraît être du XVe siècle.

Jésus-Christ au jardin des Oliviers.

Jésus-Christ et la Samaritaine.

Ces deux tableaux sont de Louis de Boullongne, premier peintre de Louis XIV.

Une scène du Jugement dernier.

Enfin, *un Evêque donnant la communion à des pestiférés.*

CHAPELLE SAINTE-PUDENTIENNE.

La chapelle de Sainte-Pudentienne, située au sud-ouest de la ville, dans le faubourg de ce nom, appartenait autrefois à la confrérie des moines mariés, ainsi nommés parce qu'il leur était permis de prendre pour femmes des veuves âgées de cinquante ans au moins et sans enfants.

A la révolution, cette chapelle, qui tombait en ruines, fut réédifiée.

Le pélerinage de Sainte-Pudentienne est en grande réputation, et on n'évalue pas à moins de cinquante mille le nombre des pélerins qui, au mois de mai, viennent visiter la chapelle.

COUVENT DE VINETZ.

Le couvent de Vinetz, situé dans la rue de ce

nom, était jusqu'en 1621 une maison de Récolets. A cette époque, notre évêque, M. Vialard, y appela les bénédictines de Vinetz, alors établies au bord de la Marne, entre Saint-Martin et Recy. La même année, on construisit l'église et les bâtiments situés sur la rue de Vinetz.

Depuis la révolution, l'église et les bâtiments de Vinetz ont été transformés en dépôt d'approvisionnements militaires. Cet établissement renferme quatre fours qui peuvent fournir chaque jour douze mille rations de pain.

COUVENT DE SAINT-JOSEPH.

Ce couvent, situé rue Saint-Joseph, fut fondé par une abbesse d'Avenay, dans le seizième siècle. Détruit par un incendie en 1769, il fut reconstruit, et devint, de 1788 à 1848, une succursale de l'Hôtel-Dieu. Il y existe aujourd'hui une maison de pensionnaires âgées.

L'église est du dix-huitième siècle.

L'ABBAYE DE TOUSSAINTS.

En 1043, Roger II, évêque de Châlons, acquit du chevalier Airard et de ses héritiers, une île formée par la Marne, et située à l'ouest de la ville. Roger y fit construire une église consacrée à tous les saints, et un hôpital destiné à recevoir les pestiférés.

En 1544, lorsque l'armée de Charles-Quint menaçait Châlons, l'abbaye de Toussaints fut transférée en ville dans le ban de Toussaints, qui s'étendait depuis l'endroit où s'élève aujourd'hui la salle d'exposition de l'Ecole des Arts et Métiers jusqu'au rempart. On construisit un monastère et une église, dont la consécration eut lieu en 1553.

En 1722, les lieux réguliers de l'abbaye furent démolis et reconstruits. Ce sont les bâtiments qui existent aujourd'hui. L'église de Toussaints fut détruite à la révolution.

Tout récemment encore l'abbaye de Toussaints était occupée par les bureaux de l'administration de l'Ecole, le directeur et quelques employés. Depuis que de nouvelles constructions ont été élevées à l'Ecole des Arts, Toussaints est devenu vacant. Cette ancienne abbaye vient d'être réparée dans le goût du seizième siècle, et bientôt l'école normale y sera transférée.

HOTEL-DIEU.

Fondé vers la fin du neuvième siècle, l'Hôtel-Dieu s'appela d'abord grand Hôtel-Dieu-Saint-Etienne. A cette époque, il ne se composait que d'une petite chapelle et d'une salle destinée à recevoir les adultes des deux sexes et les enfants jusqu'à l'âge de sept ans.

En 1606, un arrêt du Parlement réunit au grand Hôtel-Dieu tous les hôpitaux et maisons de charité de Châlons. Cet établissement fut agrandi à différentes époques, principalement en 1490, en 1639, où il fut réuni à l'hôtel du Vidamé, en 1680, où l'on construisit une salle spéciale pour les femmes, en 1740, où l'on rebâtit la salle des hommes et la chapelle.

Les travaux qui ont donné à cet hospice l'aspect

qu'il offre aujourd'hui ont été commencés en 1844 et terminés en 1847, époque à laquelle l'hospice Saint-Maur lui a été réuni.

En 1854, l'Hôtel-Dieu renfermait 206 lits, dont 140 pour les malades civils, et 66 pour les militaires.

La formation du camp de Châlons a nécessité récemment l'augmentation du nombre des lits affectés au service militaire.

HOTEL DE LA PRÉFECTURE.

Archives du département de la Marne.

L'hôtel de la Préfecture fut commencé en 1759, sous l'administration de M. Rouillé d'Orfeuil, intendant de Champagne, sur l'emplacement de l'ancienne maison de l'Intendance et de l'hôtel de la Monnaie.

Les bâtiments dans lesquels se trouvent aujourd'hui la plus grande partie des bureaux ont été construits en 1846 et 1847.

L'hôtel de la Préfecture renferme les Archives du département de la Marne, qui constituent en ce genre un des dépôts les plus importants de l'Empire français. Les documents conservés aux archives de la Marne se rapportent spécialement à l'ancien état politique et religieux du pays rémois et du diocèse de Châlons. Le cartulaire de la Préfecture de la Marne est la source historique la plus féconde qu'un antiquaire ou un historien puisse jamais consulter.

Les archives du département de la Marne présentent, indépendamment du cartulaire de toutes les maisons religieuses des deux grands diocèses de Reims et de Châlons, la réunion de tous les titres de propriété renfermés autrefois dans les nombreux châteaux des mêmes circonscriptions. Les titres de propriété conservés dans le cartulaire de Châlons se rapportent à la principauté de Château-Porcien, aux marquisats de Louvois, d'Olisy, de Sillery, de Thuisy; aux comtés d'Autry, de Dampierre, de Dormans, de Grandpré; aux baronnies de Boursault, de Chaumont-en-Porcien, de Sommepy, de Troissy; aux châtellenies de Dormans, d'Aisancelles, de

Saint-Martin-d'Ablois, de Montmort, de Mareuil, de Brugny, etc.

On y trouve le magnifique cartulaire de l'abbaye de Saint-Remi, de Reims, rédigé au commencement du quatorzième siècle; ceux de l'église et abbaye de Saint-Nicaise, de Reims; les titres du chapitre métropolitain et de l'archevêché.

Récemment, les archives des anciennes juridictions ont été transportées du greffe du tribunal civil à la préfecture, et sont venues augmenter encore l'importance de cette vaste et précieuse collection.

HOTEL DE VILLE.

Archives de la ville. — Bibliothèque. — Musée.

L'Hôtel-de-Ville s'élève aujourd'hui sur l'emplacement d'un hôpital fondé dans les premiers siècles de l'ère chrétienne et dédié à sainte Marthe.

Le Pape Innocent IV, par une bulle de 1224, autorisa les frères et sœurs du Saint-Esprit à élever une chapelle près de cet hospice.

Sous le règne de François Ier (1533), on construisit, sur les ruines de l'hospice Sainte-Marthe, un Hôtel de Ville qui fut achevé seulement sous Louis XIII. Cet édifice, remarquable par l'élégance et le goût des sculptures qui l'ornaient, fut démoli en 1771, et, la même année, on commença l'Hôtel-de-Ville actuel.

L'ancien Hôtel était le siége des principales juridictions. Le monument actuel renferme le tribunal civil, le tribunal de commerce, les bureaux de l'administration municipale et les archives de la ville.

Dans ce dernier dépôt, sont conservés, presque sans lacunes, les registres des conclusions du conseil de ville depuis 1375 jusqu'en 1789. On y remarque encore des chartes accordées à la ville de Châlons et à ses habitants, de nombreuses lettres de nos rois et de personnages illustres ou de distinction.

Dans la partie de l'Hôtel appelée le Petit-Hôtel-de-Ville, est renfermée la bibliothèque de la ville de Châlons, composée de vingt-cinq mille volumes, parmi lesquels on remarque quelques incunables et un certain nombre de manuscrits.

Cette collection a été formée d'ouvrages recueillis à la révolution de 1789, et provenant des bibliothèques conventuelles ou ayant appartenu à diverses corporations religieuses. Avant 1824, elle était située dans les bâtiments de l'ancien collége des Jésuites, aujourd'hui collége communal. Dans cette dernière année, elle fut transférée dans les bâtiments du Petit-Hôtel-de-Ville, où elle occupe actuellement, au premier étage, cinq salles assez vastes et deux longs couloirs.

Les bâtiments de la bibliothèque comprennent en outre les collections du musée. Une partie de ces collections étaient autrefois au collége; en 1820, elles furent transférées dans l'hôtel de la préfecture, et réunies au musée de la Société académique de la Marne jusqu'en 1852, époque où elles ont été installées à la Bibliothèque.

Ces collections se composent en grande partie d'échantillons de minéralogie, de conchyliologie, de botanique et de zoologie, disposés dans des armoires, que le défaut d'un emplacement convenable rend peu accessibles aux visiteurs. Elles constituent cependant un commencement de musée fort intéressant, qui s'enrichira et s'accroîtra sans doute par la générosité des donateurs, aussitôt qu'un local mieux approprié permettra de lui donner une installation convenable et définitive.

COLLÉGE.

Le Collége de Châlons fut institué en 1560 dans les bâtiments d'un hôpital qui, depuis 1499, portait le nom d'Hôtel-Dieu-Saint-Lazare, et appartenait au chapitre de la cathédrale. Il fut confié à des prêtres séculiers, et devint à la fois un séminaire, un collége et une école d'Arts et Métiers.

Cet établissement fut successivement l'objet de libéralités de la part de deux évêques de Châlons, Jérôme de Burgensis et Cosme-Clausse, et devint, en 1617, la propriété des Jésuites.

L'année suivante, le terrain et les bâtiments du

collége Saint-Lazare, que leur nouvelle destination rendait insuffisants, furent vendus, et, dans les années qui suivirent, le Collége actuel et sa chapelle furent édifiés sur de nouveaux terrains achetés par les Jésuites. La chapelle fut seulement achevée en 1678.

En 1763, cet établissement fut enlevé aux Jésuites, et reçut une nouvelle organisation, qui en donna l'administration aux laïques.

En 1797, on y établit une école centrale; elle subsista jusqu'en 1803, où le Collége fut rendu à sa destination première.

ÉCOLE D'ARTS ET MÉTIERS.

Les bâtiments qui composent l'Ecole d'Arts et Métiers furent construits, pour la plus grande partie en 1770 et en 1787 par MM. de Juigné et de Clermont-Tonnerre, évêques de Châlons. Ils étaient alors occupés par le séminaire, séparé du collége en 1646.

Au mois d'août 1791, le séminaire fut supprimé et on y établit une école d'artillerie, qui fut transférée à Metz le 4 octobre 1802, et fit place en 1806 à l'Ecole des Arts et Métiers de Compiègne.

L'établissement n'étant plus assez vaste pour sa nouvelle destination, d'autres bâtiments furent construits; à la même époque, l'abbaye de Toussaint, que l'école normale doit bientôt occuper, devint le logement du directeur de l'Ecole des Arts et Métiers.

Sous l'Empire, l'Ecole des Arts et Métiers de Châlons renfermait cinq cents élèves soumis à une organisation et à une discipline militaires. En 1822, ce nombre fut réduit à trois cent cinquante; áujourd'hui il est fixé à trois cents.

Sous la Restauration, l'Ecole fut sur le point d'être transférée à Toulouse; grâce à l'intervention de M. de Prilly, elle fut maintenue dans notre ville.

L'Ecole des Arts et Métiers a pour but de former des ouvriers habiles et des contre-maîtres. En 1822, les élèves étaient répartis dans onze ateliers; ce nombre a été réduit à quatre, qui sont : la forge, la fonderie, l'ajustage, la menuiserie et les tours et modèles.

On peut visiter cet établissement en obtenant l'autorisation du directeur.

QUARTIER DE CAVALERIE.

Le Quartier de cavalerie est construit sur l'emplacement de l'ancienne abbaye de Saint-Pierre. Dans l'origine, cette abbaye n'était qu'une chapelle fondée par saint Memmie, au lieu où s'élevait un temple d'Apollon.

Agrandie en 450 et en 490 par saint Alpin et par notre évêque Florent, cette chapelle vit élever à ses côtés, en 625, une abbaye peuplée d'abord de moines venus de Lérins.

Réparée en 1559, puis démolie en 1715, l'abbaye de Saint-Pierre fut reconstruite à cette dernière époque. Elle fut transformée, sous la Restauration, en caserne d'infanterie, et ensuite en quartier de cavalerie. En 1836, on démolit les anciens bâtiments de Saint-Pierre, et la caserne actuelle fut construite pendant les années 1839, 1840 et 1841.

L'abbaye de Saint-Pierre compta le cardinal de Richelieu au nombre de ses abbés (1639).

Parmi les monuments de notre ville, on remarque encore :

La Salle de spectacle construite en 1771 et restaurée en 1840 ;

La porte Sainte-Croix ou *porte Dauphine*, élevée en 1770 à l'occasion du passage à Châlons de Marie-Antoinette, lorsqu'elle arriva en France. Ce monument fut construit en six semaines, sur les plans et dessins de M. Durand, architecte; il est resté inachevé.

Et parmi les vestiges des anciens remparts et des fortifications, on peut signaler :

Le pont de l'arche Mauvilain, situé derrière le jardin de la Préfecture, et dont l'arche à coquille, ouverte du côté de la ville, est d'une forme rare et remarquable. Il fut construit en 1550. Un moulin à poudre, placé dans la redoute qui le couvrait, lui avait fait donner aussi le nom de ***Pont du château du Moulin***.

Le *pont des Archers*, que l'on aperçoit à droite en entrant dans le Jard par la grille du Cours d'Ormesson, et qui porte, sur les clefs de ses arches, les dates de 1602, 1742 et 1782.

La petite tourelle du *bastion d'Aumale*, placée dans la partie du rempart située derrière l'église Saint-Jean.

La tourelle du ***bastion Mauvilain***, située aussi à l'extérieur du rempart, près du pont de ce nom.

LE JARD.

Le Jard ne fut, dans l'origine, qu'une vaste prairie, plantée de quelques allées d'arbres, où saint Memmie avait établi un cimetière. Il était divisé en deux portions, d'une forme triangulaire, dans l'une desquelles se voyait encore, en 1681, la chaire en pierre de taille dans laquelle saint Bernard prêcha la Croisade, en 1147, devant Louis VII et sa cour.

La partie du Jard actuellement la plus rapprochée de la ville, portait le nom de petit Jard ; les allées de Forêt, plantées aux frais du cardinal de Noailles, évêque de Châlons, s'appelaient alors le grand Jard. Elles formaient une immense et magnifique avenue qui se prolongeait presque jusqu'au château de Sarry, résidence de nos évêques.

Le Jard fut successivement agrandi en 1504, en 1609 et en 1723, par l'annexion de terrains environnants, au sud-ouest et à l'ouest, et par la suppression du cimetière de la Madeleine.

En 1770, le Jard fut détruit, le terrain exhaussé et nivelé, et il fut replanté sur le dessin qu'il offre aujourd'hui.

La partie du Jard appelée le *jardin anglais*, et située au sud, entre la Marne et le canal latéral, fut plantée en 1826.

La promenade du Jard est depuis longtemps signalée comme une des plus belles de France. Et, en effet, l'art et la nature se sont plu à y rassembler ce qui manque généralement aux horizons monotones de cette partie de la Champagne qui avoisine Châlons, c'est-à-dire des eaux limpides et abondantes, de beaux ombrages et des aspects plus variés.

Malheureusement cette magnifique promenade va disparaître. Les ormes presque séculaires qui en ont fait l'ornement, ont atteint la limite de leur existence; ils vont tomber sous la cognée, et les fêtes de l'Exposition régionale de 1861 seront sans doute les dernières qui viendront chercher sous ses ombrages un charme de plus.

COLLECTIONS PARTICULIÈRES.

Parmi les collections particulières qui existent à Châlons, on remarque surtout :

Celle de M. Charles Picot, rue Grande-Etape, N° 34. Meubles anciens. — Tableaux. — Peintures sur émail et sur ivoire. — Porcelaines. — Livres.— Gravures. — Médailles. — Monnaies, etc.

Celle de M. Jules Garinet, rue Saint-Nicaise, N° 13. Livres. — Tableaux. — Médailles. — Monnaies, etc.

Celle de M. l'abbé Joannès, rue Grande-Etape, N° 51, composée de remarquables tableaux anciens et modernes.

Et, enfin, la belle collection ornithologique de M. le docteur Dorin, rue Saint-Nicaise, N° 30.

BIOGRAPHIES

BIOGRAPHIE

DES

CHALONNAIS CÉLÈBRES

AKAKIA (Martin), naquit à Châlons-sur-Marne vers la fin du quinzième siècle. Il devint médecin de François Ier et professeur de médecine à l'Université de Paris. Il traduisit deux ouvrages de Gallien : *Ars medica quæ est parva,* et le *de Ratione curandi.*

Il mourut en 1551, laissant un fils, qui acquit une célébrité plus grande encore. Ce fils, nommé aussi Martin, devint, en 1572, premier lecteur du roi Charles IX et professeur royal en chirurgie. Nommé, en 1578, médecin de Henri III, il mourut en 1588. Il a composé un traité *de Morbis muliebribus*, et un autre livre intitulé : *Consilia medica*. Ces deux ouvrages sont également attribués à son père.

AUBRIET (Claude), peintre de plantes, de fleurs, de papillons, d'oiseaux et de poissons, né à Châlons-sur-Marne, en 1651, mort à Paris, en 1743. Nommé dessinateur du Jardin du Roi, il fut attaché, en cette qualité, au voyage de Tournefort, dans le Levant. Il est un des collaborateurs de la collection de dessins de plantes sur vélin, commencée par Nicolas Robert.

BAUGIER (Edme), doyen du présidial de Châlons, auteur des *Mémoires historiques de la province de Champagne*, 2 vol. in-12. 1721.

BLONDEL (David), ministre protestant, naquit à Châlons en 1591. Doué d'une mémoire prodigieuse, et plein d'ardeur pour l'étude, Blondel, fort jeune encore, fit de grands progrès dans les lettres, la théologie et l'histoire : il figura avec éclat dans tous les synodes, qui se tinrent de son temps, en qualité de secrétaire ou de député. Nommé professeur d'histoire à l'école d'Amsterdam, en 1560, il y succéda au célèbre Vossius. Quelques années après (1554), fatigué par de longs et nombreux travaux, il perdit complètement la vue et mourut au mois d'avril 1555.

Il a laissé : une *Dissertation sur la papesse Jeanne*, qui lui attira, pendant un certain temps, le ressentiment de ses co-religionnaires ;

Une réponse à l'ouvrage de Chifflet contre la Maison de France, intitulée : *Assertio genealogiæ Franciæ ;*

Un traité *sur les Sybilles ;* — un traité sur l'usage de la formule *Regnante Christo ;* — le *Pseudo-Isodorus* et le *Turrianus vapulans*, écrits dans le but de prouver la supposition des épîtres décrétales, attribuées aux anciens Papes ; — un éclaircissement sur *l'Eucharistie ;* — le traité *de la Primauté dans l'Eglise ;* — une *Apologia pro sententiâ sancti Hyeronimi de presbyteris et episcopis ;* — une lettre à M. de Labaye sur *la prétendue nécessité de la puissance du Pape dans l'Eglise.*

Un écrit intitulé : *Modeste déclaration de la sincérité et de la vérité des Eglises réformées de France;*

Et, enfin, de nombreux écrits de controverse, et des considérations religieuses et politiques.

CAMUS (Louis), né à Châlons, le 16 mars 1760; général de brigade, officier de la Légion-d'Honneur, commandeur de l'ordre des Deux-Siciles. Commandant de Zurich, Schaffouse et Bâle, an VI; commandant supérieur de Coire, an VII; général de brigade le 12 pluviôse an XIII; commandant de la forteresse Sainte-Maure (îles Ioniennes), de 1808 à 1810. Il fut fait prisonnier à la bataille de Burosdine, près de Smolensk, et mourut à Vitepsk, le 6 avril 1813.

CHASTILLON (Nicolas Ier DE), lieutenant du roi, à Châlons, de 1613 à 1618, ingénieur, fit élever les fortifications du faubourg de Marne, en 1615. Un des hommes les plus distingués de cette époque, comme ingénieur. A Paris, il fit élargir et terminer le Pont-Neuf; il agrandit l'Hôtel-de-Ville, construisit la place Dauphine, le Collége de France.

CHASTILLON (Claude), né à Châlons-sur-Marne, en 1547, un des dessinateurs et graveurs les plus célèbres du seizième siècle.

La plus remarquable de ses œuvres, intitulée : *Topographie française, ou représentation de plusieurs villes, bourgs, forteresses, vestiges d'antiquités, maisons modernes, et autres, par Claude de Chastillon*, renferme trois cent cinquante estampes. Il existe aussi *une Topographie de la France*, par Claude Chastillon. La bibliothèque Impériale possède un recueil grand in-folio, qui est intitulé : *Œuvres de Claude de Chastillon.*

Claude de Chastillon mourut en 1616. Il fut parent, par alliance, d'Etienne Picard, Hugues Picard et Bernard Picard, célèbres graveurs du dix-septième siècle.

CHEDEL (Quentin-Pierre), né à Châlons-sur-Marne, en 1705. Un des dessinateurs et graveurs les plus célèbres du dix-huitième siècle. Ses œuvres les plus estimées sont : *l'Embrasement de Troyes*, gravé d'après le tableau de Brenghil d'Enfer, *l'Ouvrage du matin*, *l'Heure du dîner*, *l'Après-midi* et *les Adieux du soir,* d'après Teniers. Il a laissé un nombre considérable de gravures, d'après Boucher, Watteau, Wouwermans, Van der Meulen. Elles sont presque toutes remarquables par la délicatesse et le fini des détails. Il mourut à Châlons en 1762.

CLEMANGIS ou CLAMANGES (Martin-Nicolas DE), fils de Pierre, médecin à Châlons. Né à Châlons, selon les uns, selon d'autres, né à Clamanges, dans le diocèse de Châlons. Nicolas de Clemangis commença, fort jeune, ses études au collége de Navarre, dont son frère Etienne était grand-maître. Bon orateur et écrivain distingué, il devint, en 1393, recteur de l'Université de Paris. Mêlé aux luttes passionnées que le schisme avait fait naître dans l'Université et le clergé, Nicolas de Clemangis écrivit à Charles VI, pour lui proposer ce qu'on appellerait de nos jours une solution, c'est-à-dire les moyens d'éteindre le schisme. Il écrivit aussi, à cet égard, à Clément VII, aux cardinaux et à Benoît XIII. Nommé bientôt secrétaire de Benoît XIII, il fut accusé d'avoir rédigé la bulle d'excommunication contre le roi de France. Retiré d'abord à Gênes, il rentra en France quelque temps après. Il fut bientôt contraint d'en sortir et de se confiner dans la chartreuse de Valle-Profonde ou Valle-Ombreuse, où il demeura pendant quelques années, livré à l'étude. Il y composa plusieurs ouvrages.

Sorti enfin de sa retraite, il publia son traité *de Corrupto ecclesiæ statu*, et mourut, en 1430, proviseur du collége de Navarre.

COLLOT (Victor), général de brigade, né à Châlons-sur-Marne en 1751, se distingua dans l'expédition aux Etats-Unis, sous les ordres du général Rochambeau.

Nommé gouverneur de la Guadeloupe, en 1790, il la défendit contre les Anglais et obtint, en 1794, une honorable capitulation. Rentré en France, en l'an IX. Il mourut à Paris en 1805.

Il a publié un *Essai sur la manière de relever les races de chevaux en France;* un *Mémoire sur les moyens de soumettre les rebelles de Saint-Domingue* et un *Voyage dans l'Amérique septentrionale.*

CONFLANS (Eustache DE), chevalier, et commandant de Châlons. Il repoussa vigoureusement les Anglais, lorsque, en 1429, ils escaladèrent les remparts et pénétrèrent jusqu'au pont des Cordeliers. L'année suivante, il mena les Châlonnais à l'attaque du village de la Croizette, où les Anglo-Bourguignons s'étaient fortifiés et où ils furent complètement défaits.

ESPENSE (Claude D'), né à Châlons en 1511, d'une ancienne et noble famille; il était allié, par sa mère, à la maison italienne des Ursins. Il étudia les humanités, à Paris, au collége de Calvi, la philosophie au collége de Beauvais, et la théologie au collége de Navarre. Il n'avait que vingt-neuf ans, lorsqu'il fut élu recteur de l'Université de Paris. Deux années après, il prit le bonnet de docteur en Sorbonne.

Le cardinal de Lorraine, qui connaissait son mérite, l'attacha à sa personne, et lui confia plusieurs missions importantes. En 1543, Claude d'Espense prononça, dans l'église de Saint-Merry, un sermon dont les propositions furent dénoncées à la Faculté de théologie. Contraint de se rétracter dans la même chaire, il accepta volontiers l'occasion que le cardinal de Lorraine lui offrit de quitter la France, pour l'accompagner en Flandre et assister aux négociations entre François Ier et Charles-Quint (1544).

Appelé par le roi à figurer au nombre des douze docteurs réunis à Melun pour discuter les questions qui devaient être soumises au concile de Trente, d'Espense figura aussi à ce concile.

En 1555, il accompagna à Rome le cardinal de Lorraine, où son mérite séduisit tellement le Pape Paul IV, qu'il l'eût fait cardinal, si des envieux n'eussent rappelé au Pontife le sermon de Saint-Merry. On prétend que d'Espense fut heureux d'échapper à cet honneur, que ses idées libérales ne lui faisaient que médiocrement apprécier.

Il joua un rôle éclatant aux Etats d'Orléans (1560), et au colloque de Poissy (1561), où sa tolérance et ses vues élevées, en matière de liberté religieuse, lui suscitèrent plus d'un ennemi. Il mourut en 1571.

Claude d'Espense fut, tout à la fois, un adroit politique, un savant théologien et un écrivain fécond. Ses connaissances et son érudition étaient fort étendues. Il a laissé de nombreux ouvrages, parmi lesquels on remarque :

Des *Commentaires sur les épîtres de Saint-Paul à Timothée et à Tite ;* un *Traité des Mariages clandestins ;* un *Traité sur la continence*, sur *l'adoration de l'Eucharistie*, et d'autres travaux intitulés : *Institution d'un prince chrétien ;* traduction de Théodoret, *sur la Providence ; les Apophtegmes ecclésiastiques*, *ou abrégé de l'histoire, depuis la mort de Jésus-Christ jusqu'à l'empereur Phocas ; des Livres défendus ;* un *Traité de l'âme du ciel ;* deux notables *Traités ;* l'un, où il est démontré que les lettres et les sciences sont d'une grande utilité pour les rois et les princes, l'autre est un discours à la louange des trois fleurs de lis.

LA TOUCHE-LOISY (Jacques-Ignace DE), seigneur

de Loisy-sur-Marne, poète et dessinateur distingué, mort en 1781. Il reste peu de chose de ses nombreux travaux ; quelques pièces de poésie, composées en l'honneur du mariage de Louis XV et de Marie Leczinska, lors du passage de cette reine à Châlons ; quelques dessins à la plume et au lavis, et les canons de l'église Notre-Dame.

FÉRY (Michel), général de brigade, né à Châlons le 28 juin 1757, se signala à l'armée de la Moselle et dans la Vendée, où il résista à Moustiers, avec 300 hommes, à l'attaque de 1,200 royalistes soutenus par deux pièces de canon. Le 5 nivôse an IX, lors du passage du Mincio par l'armée française, il repoussa, avec une demi-brigade, un corps de 14,000 Autrichiens, lui prit quatre pièces de canon et fit 900 prisonniers. Il mourut en 1811.

GRANGIER (Jean), recteur de l'Université de Paris. Il enseigna l'éloquence latine au Collége de France, et laissa plusieurs ouvrages latins, parmi lesquels on remarque : *De Franciâ a Henrici IV inte-*

ritu vindicatâ exercitatio scholastica. Paris, 1611, in-8°; et *de Loco ubi victus Attila fuit olim, dissertatio*, 1641, in-8°. Né à Châlons-sur-Marne en 1576, et mort à Paris en 1643.

HENRIET (Claude), né à Châlons, en 1551, célèbre peintre verrier. Il exécuta des travaux importants dans la cathédrale de Châlons, avec le concours de son fils, Israël Henriet. Claude et Israël Henriet ont aussi laissé de leurs œuvres dans plusieurs églises de Paris, et notamment à Saint-Etienne-du-Mont. Claude Henriet mourut à Nancy.

HERBILLON (Emile), général de division, né à Châlons-sur-Marne.

Entré au service en 1813, le général Herbillon, déjà sous-lieutenant en 1814, se distingua pendant les dernières campagnes de l'Empire. Licencié à la Restauration, il fut replacé avec son grade dans la légion de la Marne, devenue plus tard 51e régiment de ligne. Il fit la campagne d'Espagne, et, après un séjour de quatre années à la Guadeloupe, il revint en France, capitaine adjudant-major. En 1837, il partit pour l'Afrique, où, une année plus tard, il commanda le camp de Medjez-Hammar, dans la province de Constantine. Il organisa le cercle de Ghelma. Nommé lieutenant-colonel, il fit les expéditions des Haractas, des Beni-Salah, des N'bails, des Ouled-d'Hana, et fut souvent cité à l'ordre du jour.

Promu en 1842 au grade de colonel du 61e de ligne, il fit les expéditions des Zeidezas de Collo et de l'Edouh, où il fut encore cité pour sa brillante conduite.

En 1844, après plusieurs expéditions dans le Sahara, où il soumit plusieurs grandes tribus, le duc d'Aumale le chargea d'organiser le cercle de Bathna.

Après une fructueuse campagne, accomplie en 1845 et 1846, dans l'Aurès, et contre les tribus des Ouled-Solthan, des Ouled-Sellem et des Bou-Thaleb, le colonel Herbillon fut nommé maréchal-de-camp. En 1847, il soumet l'oasis des Ouled-Djaled, où s'était retiré Bou-Maza, et est nommé commandant de la province de Constantine. En 1849, après plusieurs expéditions contre les Kabiles de Collo et du Zouayha, le général Herbillon marche contre Zaatcha, qu'il enlève au milieu des circonstances les plus difficiles, entouré par un ennemi nombreux, et avec le choléra dans son camp.

Après ce brillant fait d'armes, le général Herbillon fut mis en disponibilité; puis, nommé au commandement du Var, et, en 1850, appelé au commandement de la première brigade de la 3me division de l'armée active à Paris.

Le 22 décembre 1852, il fut promu au grade de général de division, et appelé au commandement de la 19me division militaire; il avait été nommé grand officier de la Légion-d'Honneur le 26 avril 1850.

Lors de l'expédition de Crimée, le général Herbillon commanda la division de réserve; il se signala de la manière la plus remàrquable à la bataille de Tracktir, dont tout l'honneur doit lui être attribué. En rentrant en France, il fut nommé grand-croix de la Légion-d'Honneur, puis membre du comité d'infanterie, général inspecteur. Lors de la guerre d'Italie, il reçut le commandement de Gênes.

LEFÈVRE DE CAUMARTIN (Louis-Urbain), marquis de Saint-Ange, conseiller d'Etat, né à Châlons-sur-Marne (1653, mort en 1720). Il est l'auteur des *Recherches sur la noblesse de Champagne* (1672), un vol. in-folio, dont les rares exemplaires atteignent aujourd'hui un prix fort élevé.

LOCHET (Pierre-Charles), général de brigade, né à Châlons, en 1767; engagé volontaire en 1784, il fut fait colonel le 30 fructidor an IV.

Le 1er prairial, an VI, il repoussa, à la tête de deux cents hommes, un débarquement des Anglais, près d'Ostende, et il força deux mille Anglais à mettre bas les armes.

Au passage de la Linth, attaqué inopinément par le prince de Wurtemberg à la tête de forces supérieures, Lochet culbuta l'ennemi à la baïonnette, et lui fit de nombreux prisonniers.

Le général Lochet se distingua à la bataille d'Austerlitz. Attaqué par des forces nombreuses, il soutint, dans le village de Sokolnitz, avec la plus grande valeur, l'effort du corps d'armée du général russe Langeron, et assura ainsi le succès des troupes du maréchal Davoust.

Lochet fut tué d'un coup de feu au front, à la bataille d'Eylau, le 8 février 1807.

MARION DE LORME naquit à Châlons vers 1612, alla fort jeune à Paris, et ne tarda pas à être la maîtresse des plus grands seigneurs de la cour. Elle se rendit célèbre par la conduite la plus légère, fut recherchée par Louis XIII, par le duc de Buckingham ; on dit même qu'elle se maria secrètement à Cinq-Mars ; mais, qu'à la sollicitation de Richelieu, rival malheureux, la mère de Cinq-Mars obtint un arrêt qui défendit aux parties de se voir. Cette affaire fit naître l'ordonnance du 26 novembre 1639, relative aux mariages clandestins ; ce fut le terme de cette intrigue. Dès lors, la maison de Marion devint le rendez-vous des Brissac, des Grammont, des Saint-Evremont, etc. Liée d'amitié avec Ninon de Lenclos, elle voyait tout ce que Paris et la cour avaient de jeunes gens aimables et spirituels, et rivalisait de beauté, d'esprit et de galanterie avec son amie.

On est bien loin d'être d'accord sur l'époque de la mort de Marion. Les uns prétendent que, compromise dans les troubles de la Fronde, elle feignit d'être malade, fit courir le bruit de sa mort, et qu'après s'être donné la satisfaction d'avoir vu, de ses fenêtres, passer son convoi, elle s'enfuit en Angleterre, où elle épousa un riche lord. Devenue veuve, elle revenait en France, avec une somme considérable, quand, arrêtée près de Louvain et dépouillée par des voleurs, le chef de la bande en fit sa femme. Veuve au bout de quatre ans, elle rentra en France et se remaria avec un nommé Lebrun, procureur fiscal à Gray. Elle perdit son mari, après dix-sept ans de mariage, et finit misérablement.

Une autre version la fait mourir en 1650, et traite de conte ridicule l'opinion de quelques écrivains qui prétendent que Marion de Lorme mourut en 1741.

MOULINET (Claude DU) né à Châlons-sur-Marne en 1620. Nommé chanoine régulier et procureur général de Sainte-Geneviève, du Moulinet devint un numismate et un antiquaire distingué. Il fut l'organisateur de la bibliothèque Sainte-Geneviève. Il mourut en 1687.

Claude du Moulinet a laissé plusieurs ouvrages, parmi lesquels on peut signaler : Une édition des *Epîtres d'Etienne, évêque de Tournay*, 1682; *Histoire des Papes, par médailles, depuis Martin V jusqu'à Innocent X*, 1679 ; des *Réflexions sur l'origine et l'antiquité des Chanoines réguliers et séculiers ;* un *Traité des différents habits des chanoines;* une *Dissertation sur la mître des anciens; sur une tête d'Isis.*

PAPILLON DE LA FERTÉ (Denis-Pierre-Jean), né à Châlons-sur-Marne en 1727; savant mathématicien et ancien intendant des menus-plaisirs du roi. Il a laissé des *Eléments de géographie*, 1783; — un *Abrégé d'Astronomie*, 1783; — des livres élémentaires de mathématiques, 1784, 2 vol. in-8o, et, enfin, des *éléments d'Architecture, de Fortification et de Navigation*, 1787, in-8o. — Il mourut sur l'échafaud, pendant la révolution.

PERROT (Nicolas, seigneur D'ABLANCOURT), naquit à Châlons-sur-Marne le 5 avril 1606. Il fit ses études au collége de Sedan, le plus célèbre établissement de ce genre que les protestants possédassent en France, et il y eut pour professeur le fameux Roussel, qui mourut ambassadeur de la Porte-Ottomane. A treize ans, Perrot d'Ablancourt avait terminé ses humanités, et, après avoir étudié quelque temps le droit à Paris, il fut reçu à dix-huit ans avocat au Parlement. A l'instigation de son oncle Cyprien Perrot, conseiller en la Grand'Chambre, il abjura la religion protestante; mais il ne resta catholique que pendant quelques années; et, après avoir perfectionné ses études en théologie, il revint en Champagne, et abjura la religion catholique au temple d'Heiltz-le-Maurupt. Ce double revirement fit sensation; aussi Perrot d'Ablancourt alla-t-il passer quelques années à l'étranger, d'abord en Hollande, à Leyde, où il apprit l'hébreu, et ensuite en Angleterre.

Revenu à Paris, il fut reçu membre de l'Académie française en 1637, et mourut en 1664, dans sa terre d'Ablancourt, où le mauvais état de sa santé l'avait contraint de se retirer quelque temps avant sa mort. Pendant cette période de son existence, qui s'écoula entre son retour d'Angleterre et sa retraite, Perrot d'Ablancourt devint l'ami de tous les littérateurs et les savants distingués de ce temps, qui recherchaient avec empressement la société de ce causeur aimable, dont l'érudition égalait le goût délicat. Doué d'un esprit vif et pénétrant, Perrot d'Ablancourt apportait, dans la discussion, une grande animation, qui n'alla jamais jusqu'à l'emportement. Il savait la philosophie, la théologie, l'histoire, et toutes les belles-lettres : le latin, le grec, l'hébreu, l'italien et l'espagnol. Et, bien qu'il n'ait laissé, en grande partie, que des traductions, que leur peu d'exactitude a fait nommer *les belles infidèles*, ses œuvres n'en ont pas moins obtenu un grand succès au dix-septième siècle.

Il a traduit *quatre discours de Cicéron*, *l'Octavius*, de Minutius Félix; les *Œuvres de Tacite*, les *Dialogues de Lucien*, la *Retraite des Dix mille*, de Xénophon ; les *Guerres d'Alexandre*, d'Arrien ; les *Commentaires de César*, *l'Histoire grecque*, de Xénophon, les *Apo-*

phtegmes des Anciens; il a traduit, de l'espagnol, la *Description de l'Afrique* et *l'Histoire*, par Louis de Marmol.

Perrot d'Ablancourt a écrit : la Préface de *l'Honnête Femme*, du père Cordelier Dubosc, un *Traité de la milice des Romains* et un *Discours à Patru*.

PICART (Hugues), graveur distingué, né à Châlons-sur-Marne (dix-septième siècle).

On possède encore de lui d'assez nombreuses gravures, parmi lesquelles on remarque le *Profil au naturel de la florissante et belle ville de Chaalons en Champaigne*, par Hugues Picart, Chaalonnois.

On ne connaît plus qu'un seul exemplaire original de cette gravure.

Hugues Picart a laissé aussi une *Vue de Chaalons-sur-Marne*, 1610, dessin à la plume.

RICHER DE BELVAL (Pierre), né à Châlons-sur-Marne en 1558, professeur de botanique à l'Université de Montpellier. Il est regardé comme le créateur de la science botanique en France. Il mourut en 1632.

SAINTE-SUZANNE (le comte Gilles-Joseph-Marie BRUNETEAU DE), général de division, pair de France, naquit à Châlons le 8 mars 1760. Il entra au service en 1784, comme sous-lieutenant au régiment d'Anjou (infanterie). Général de brigade en 1796, il se distingua sur le Rhin. Devenu général de division, il battit l'archiduc Charles aux affaires de Rastadt et d'Etlingen. Quelques années après, fait conseiller d'Etat et titulaire de la sénatorerie de Pau, il fut envoyé à l'île Bourbon, qu'il défendit en 1810 contre des forces anglaises, supérieures en nombre. Louis XVIII le nomma pair de France en 1814 ; après les Cent-Jours, il fut confirmé dans ces fonctions.

VARIN (Joseph) et VARIN (Charles-Nicolas), tous deux frères et graveurs distingués.

Ils ont laissé de nombreux ouvrages, parmi lesquels on remarque :

La façade de l'hôtel de ville de Châlons, 1770.

Les gravures de l'ouvrage de l'abbé Saintron, intitulé *Voyage pittoresque à Naples et en Sicile.*

De nombreuses gravures de monuments des villes d'Aix, Besançon, Bordeaux, Dunkerque, Caen, Dijon, Nantes.

Douze planches de l'ouvrage intitulé : *L'Architecture considérée sous le rapport de l'art, des mœurs et de la législation, par Ledoux.*

Vingt planches gravées par Joseph Varin, pour le *grand voyage pittoresque de Syrie, de Phénicie et de Palestine, par Casas.*

Joseph Varin, né à Châlons en 1740, mourut à Paris en 1800. Charles-Nicolas Varin lui survécut jusqu'en 1812.

LISTE

DES

GOUVERNEURS DE CHALONS POUR LE ROI.

1417. Jean de Neuchâtel, seigneur de Montagu, nommé par le duc de Bourgogne gouverneur de la ville de Châlons et du plat pays, du consentement des habitants de la ville de Châlons. Isabeau de Bavière, régente, confirma cette nomination le 19 décembre même année.

1460. Croy (Antoine), comte de Porcien.

1487. Le seigneur d'Arzillières.

1585. M. de Rosne est nommé par le duc de Guise; il fut expulsé par délibération du Conseil, du 5 février 1589.

1589. Philippe de Thomassin, seigneur de Braux-Sainte-Cohière.

1608. Réné Pothier, comte de Gesvres et de Tresmes.

1634. Le comte de Nettancourt-Vaubecourt.

1642. Le comte de Vaubecourt. Cette charge, supprimée en 1696, fut rétablie et rendue au titulaire en 1701.

1712. Cette charge fut vendue à Joseph-Antoine Hennequin, conseiller d'Etat.

1729. Le comte d'Estaingt.

1732. Le comte d'Estaingt, fils du précédent, lui succède.

1751. Le comte de Choiseul-Beaupré, étant gouverneur municipal, ne peut remplir cette charge.

1760. Dubois de Crancé, écuyer, seigneur de Livry.

1767 à 1789. Le marquis du Cauzé de Nazelles, seigneur de Lépine.

LISTE

DES

CAPITAINES DE CHALONS POUR LE ROI.

1358. Pierre de Bar, chevalier.

1359. N.... de Saulx, chevalier.

1371-1377. Quentin le Bouteillier, chevalier.

1394-1411. Gobert de la Bove, chevalier, seigneur de Montchablon (de la famille des Chastillon.

1416. Eustache de Conflans, chevalier.

1417. Pierre de Beauffremont, grand-prieur de France (ordre de Malte).

1417. Philbert de Molinet.

1420. N..... de la Bove, bailly de Vermandois.

1429. Denis de Chailly, conseiller et chambellan du roi Charles VII.

1430. Eustache de Conflans.

1437. Jean de Versailles.

1468. Guillaume de Corquillerays, chevalier.

1492. Louis de Corquillerays, son fils.

1514. Jacques de Brouville.

1521. Louis de Pommereux.

1551. Thierry de L'Hospital.

1560. Jean de L'Hospital, son fils, mort en 1574.

1574. Thierry de L'Hospital, renommé.

1580. Guillaume de Champagne, seigneur de Saint-Mard.

La charge de capitaine pour le roi fut supprimée le 17 décembre 1595.

LISTE DES MAIRES DE CHALONS.

1693. M. Gayet, seigneur de Plagny, Cramant et Fagnières, maire royal perpétuel, et lieutenant du roi.

1702. M. Truc, seigneur de Saint-Farjeux, lieutenant du maire.

1705. Ces deux charges sont supprimées et réunies au Conseil.

1765. Maire élu pour trois ans, M. de Godet de Crouy.

1766. M. Le Gorlier, président au présidial.

1769. M. Saguez de Breuvery.

1779. M. Gargam de Chevigny.

1784. M. de Parvillez, trésorier des finances.

1789. (Révolution). M. Berle de Maffrécourt.

1790. (14 janvier). M. Chorez de Toulongeon.

1791. M. de Pinteville-Cernon.

1792. M. Godart de Blacy (2 avril.)

1792. M. Moignon (3 octobre.)

1793. M. de Lestrée.

1793. (Novembre) Henri, coutelier.

1er Pluviôse an II. Béguin, président.

1er Ventôse an II. Henrionnet, médecin, président.

1er Floréal an II. Martin, fabricant de bas, président.

1er Messidor an II. Pelain, pâtissier, président.

3 Fructidor an II. Martin, fabricant de bas, président.

4 Thermidor an II. Martin, nommé maire par le représentant du peuple Batelier.

13 Brumaire an IV. Sirot, négociant, président.

25 Fructidor an V. Fouet, président.

1794. MM. Grosjean, avocat, maire.

1795. Delfraisse.

1814. Chamorin.

1824. Garinet (19 mai).

1831. A Godart (18 décembre).

1837. Maucourt.
1848. A. Godart (février).
1854. Perrier-Grenet (juin).
1861. Philippe.

LE CAMP D'ATTILA

LE CAMP D'ATTILA

ET LA

BATAILLE DE CHALONS

HISTOIRE. — ARCHÉOLOGIE.

L'empire romain s'écroulait, submergé sous les premiers flots de cette marée humaine que le monde barbare avait déchaînée sur lui des profondeurs inconnues de l'Asie. L'heure était venue de tristesse et d'épouvante, où les nations, soulevées par une force irrésistible et mystérieuse, abandonnaient les champs de leurs aïeux pour courir, inquiètes, vers des destinées dont la Providence avait seule le secret.

Sur les débris de ce corps épuisé, inerte, qui avait été l'empire romain, d'autres nationalités allaient se former et préparer l'avenir. Pour cette grande œuvre, Dieu avait suscité deux forces, l'une morale, l'autre matérielle, le christianisme et les barbares. Un sang jeune et vigoureux allait donner une nouvelle vie aux tronçons épars du cadavre romain; une religion nouvelle, unique lumière dans ces jours de ténèbres, allait servir de guide et de frein à ce monde nouveau.

Seuls au milieu des turpitudes et des crimes des derniers instruments du pouvoir impérial, deux hommes, vraiment dignes de ce nom, essaient d'arrêter le flot envahisseur, Stilicon et Aétius. Mais ils ne sont entre les mains de la Providence qu'une digue opposée un instant à l'impétuosité d'un torrent pour en tempérer le cours, et rendre plus féconde l'action de ses eaux. Stilicon, le dernier Romain, repousse Alaric et ses Visigoths; sur le Rhin, il oppose avec succès les Franks aux Vandales. Ces derniers appellent à leur secours les Alains, qui traversent le Rhin dans la nuit du 31 décembre 406 au 1er janvier 407. Mayence est noyée dans le sang. Worms, Reims, Amiens, Arras, Tournai, ont le même sort. Dans ce rapide et furieux élan, les hordes barbares traversent la Gaule jusqu'à l'Espagne, en laissant derrière elles une traînée de sang et de ruines. Ainsi, quoique la vieille Gaule soit déjà depuis plus d'un demi-siècle entamée par les barbares, le premier jour de l'année 407 inaugure l'ère des grands évènements, dont notre pays sera le théâtre, et dont les invasions hunnique et sarrazine ne seront que les plus remarquables épisodes.

Pour prix de son dévouement et de ses efforts, Stilicon est assassiné par les ordres d'Honorius. Quelques années plus tard, Aétius lui succède dans la rude tâche de défendre contre la barbarie ce qui reste de l'empire. En 425, il force les Goths à lever le siége d'Arles; il refoule les Burgondes dans la première Germanie, et taille en pièces les Franks. Avant d'arriver aux honneurs du patriciat, Aétius, demi-barbare, né d'une mère italienne et d'un père scythe, a vécu au milieu des barbares comme otage ou comme ambassadeur; plus d'une fois il s'est servi des

Huns comme alliés, à l'occasion il saura les vaincre. Joignant une haute intelligence à un jugement rapide et sûr, actif et prompt à l'attaque, il semble se multiplier sur tous les points où l'Empire est menacé. Un jour il bat les Goths devant Arles, une semaine plus tard il est en Italie ; la fin de ce même mois le verra débarquer en Afrique, pour revenir en Gaule au premier signal de danger.

On connaît le portrait d'Attila ; ses historiens nous ont dépeint sa démarche fière, ses yeux petits et étincelants, sa poitrine large, sa tête volumineuse. Le terrible barbare avait, ajoutent-ils, peu de barbe, le nez écrasé, le teint basané, une taille au-dessous de la médiocre. Toute sa personne respirait une sorte de grandeur sauvage. Tout jeune encore il avait pris part à de nombreux combats. Plus tard, envoyé comme otage à la cour de Ravenne par son oncle Roua, roi des Huns, il puise à l'école des légions romaines des leçons de tactique et de discipline militaires.

Attila et Bléda son frère succédent à Roua. L'empire des Huns s'étendait alors du Danube aux immenses solitudes de la Haute-Asie, de la mer Noire à la Baltique. En 444, Attila envahit les Etats byzantins, ravage la Thrace, et ne se retire qu'après avoir exigé de Théodose un double tribut, et reçu le titre de général des armées romaines. Bientôt il veut régner seul et assassine son frère; puis, lorsqu'un crime l'a rendu le seul maître de l'empire des Huns, il brûle de mettre à exécution les vastes plans que son ambition a rêvés: l'Asie ne lui suffit plus; que lui sert-il de régner sur des steppes sans fin, des peuples nomades ou des villes ruinées par l'oppression romaine et les invasions barbares! Là-bas, à l'occident, il y a de riches cités, des campagnes fertiles. Le colosse romain chancelle sur sa base, un seul choc peut en précipiter la chute; abondante sera la curée.

D'ailleurs, plus d'une cause jette Attila sur la route du Rhin. Genseric, roi des Vandales, l'appelle à son secours contre le roi des Visigoths, Théodoric, impatient de venger sa fille mutilée par le roi vandale, après l'avoir demandée en mariage; tandis que, de deux frères ennemis, chefs tous deux de la même tribu franke, l'un implore l'appui d'Attila, l'autre celui d'Aétius.

A la fin du mois de février 451, Attila passe le Rhin, entraînant avec lui une avalanche de barbares, sortis des profondeurs de la Germanie, et ramassés dans sa course du Danube au Rhin, Sarmates, Ostrogoths, Gépides, Rugiens, Thuringiens, Franks et Burgondes d'Outre-Rhin. Il saccage le pays de Trèves, détruit Tongres, brûle Metz la veille de Pâques; il épargne Troyes, aux prières de l'évêque saint Loup, laisse Paris sur sa droite, et arrive devant Orléans, défendu par ses habitants et par Sangiban et ses Alains, accusés de connivence avec Attila. Il pousse avec vigueur le siége de cette ville.

Ici déjà deux versions sont en présence. L'une raconte que les Orléanais, découragés de ne point voir arriver les secours promis par Aétius, dont l'évêque Saint-Aignan était allé jusqu'à Arles presser la venue, ouvrirent leurs portes et se rendirent à discrétion. Déjà les Huns avaient pris possession de la ville et se partageaient le butin, lorsqu'arriva l'armée d'Aétius.

Voici, d'un autre côté, le récit de Grégoire de Tours :

« Dans le temps où Attila, roi des Huns, assiégea Orléans, vivait dans cette ville l'évêque Anianus, homme de haute prudence et de grande sainteté..... Comme le peuple enfermé dans la cité demandait à grands cris à son évêque ce qu'il fallait faire, Anianus, mettant sa confiance en Dieu, leur commanda à tous de se prosterner en oraison, et d'implorer avec des larmes l'assistance du Seigneur. Ils firent ainsi qu'il avait prescrit, et il leur dit : « Regardez du haut des murailles si la miséricorde de Dieu vient vous secourir. » Et ils regardèrent du haut des murailles, et ils ne virent personne. Mais lui : « Priez avec instance, reprit-il, car le Seigneur vous délivrera aujourd'hui. » Et ils prièrent de nouveau : « Regardez de rechef », dit-il alors. Ils regardèrent encore et ne virent personne qui leur portât secours. Il leur dit pour la troisième fois : « Si vous demandez avec instance, le Seigneur va paraître. » Ils implorèrent alors le Seigneur avec larmes et grandes plaintes, puis ils regardèrent pour la troisième fois, et ils virent de loin comme un nuage qui s'élevait de terre « Voilà le secours du Seigneur », dit l'évêque. Et comme les murailles tremblaient aux chocs redoublés des béliers et allaient tomber, voici qu'Aétius et Théodoric, roi des Goths, et Thorismond, son fils, avec leurs armées, accoururent vers la cité, et repoussèrent et chassèrent l'ennemi. » (Liv. II, c. 7.)

Mais ce qui peut passer pour certain, c'est que les confédérés d'Aétius chargèrent les Huns avec fureur, et qu'Attila, repoussé, se retira sur la Seine et la Marne.

Aétius le suit rapidement, et lorsqu'Attila veut traverser la Seine à Pont et à Méry-sur-Seine, il se heurte contre une partie des alliés, qui l'y avaient devancé et occupaient les passages. Là, s'engage un combat opiniâtre, trente mille hommes restent sur le champ de bataille. Mais Attila a pu franchir la Seine. Il arrive sur la Marne, et prend position dans les Champs Catalauniques, entre Suippes et Châlons. Là, du moins, il pourra développer avec succès sa nombreuse cavalerie. Il attend l'attaque d'Aétius, arrivé aux mêmes lieux, peu de temps après lui.

L'auteur d'*Attila dans les Gaules*, M. Tourneux, place la bataille de Châlons au 10 septembre, c'est-à-dire dix-huit ou vingt jours après l'affaire de Méry-sur-Seine. Les deux armées sont placées dans l'ordre de bataille suivant : l'armée d'Attila, la droite appuyée sur Suippes, la gauche au camp retranché de la Noblette, protégé par de profondes lignes de chariots, et où le roi des Huns a renfermé son butin, ses femmes et ses trésors ; Attila au centre, avec ses Huns, à sa gauche les Ostrogoths commandés par Walamir, Theodemir et Widemir, trois frères de l'illustre race des Amales, et à droite les Gépides et leur roi Ardarik.

Vis-à-vis, se déploient les lignes de l'armée d'Aétius. Au centre, Sangiban et les Alains, suspects depuis le siége d'Orléans ; à droite, Théodoric et ses Visigoths ; à gauche, Aétius et les Gallo-romains.

Attila a consulté ses prêtres et ses sorciers ; ils lui prédisent un échec, mais ils lui annonçent la mort du grand chef ennemi. Chez le fougueux barbare le désir de la vengeance est plus grand que le désir de vaincre. Il appelle le combat de tous ses vœux. Entre les deux armées s'élève une colline appelée le Piémont. Aétius, qui a compris l'importance de cette position, donne à deux heures de l'après-midi à Thorismond, fils aîné du roi des Visigoths, l'ordre de s'en emparer. Avant trois heures, la colline est occupée.

De son côté, Attila a donné le signal du combat.

La mêlée devient générale. « Les Huns se précipitèrent à la charge avec une nouvelle fureur, et ces deux mers d'hommes commencèrent à mêler leurs flots rugissants; la bataille couvrait pour ainsi dire toute une province de ses tourbillons d'hommes et de chevaux; jamais l'Occident n'avait vu se heurter de si prodigieuses masses. « Ce fut une lutte horrible, immense, inouïe; l'antiquité ne raconte rien de semblable; il s'y fit de tels exploits, que tout ce que l'œil humain avait jamais pu voir, n'était rien auprès; on mourut des deux parts dans des massacres incalculables..... Les vieillards racontent qu'un petit ruisseau, qui coulait à travers le champ de bataille, grossi, non par les pluies, mais par une liqueur inaccoutumée, fut changé en torrent et roula des flots de sang. » (Jornandès, c. 36-41.)

Après des succès balancés, l'armée des Huns commence un mouvement rétrograde ; la cavalerie des Visigoths achève la victoire. Ils repoussent les Ostrogoths, et par un mouvement oblique ils se replient de la droite sur le centre, et passent devant le front des Alains. Le roi Théodoric, atteint au front d'un trait lancé par Andaghis, le chef Ostrogoth, tombe sous les pieds des chevaux, et meurt écrasé.

La nuit vient ; les Huns se rallient derrière leurs charriots ; mais le combat n'a point cessé ; il continue dans la plaine entre de nombreux détachements qui se heurtent dans l'obscurité. C'est ainsi que Thorismond va donner dans les retranchements des Huns, en voulant rejoindre Aétius ; blessé, jeté en bas de son cheval, il ne doit la vie qu'au dévouement de ses cavaliers. De son côté, Aétius, égaré dans l'immense plaine, marche longtemps au hasard, au milieu des bandes ennemies, avant de rejoindre ses positions.

Le lendemain, lorsque le soleil se leva sur les Champs Catalauniques, il éclairait à perte de vue des monceaux de cadavres.

Attila, retiré comme un lion aux abois dans l'enceinte du camp fortifié, où des travaux, faits sans doute à la hâte pendant les quelques jours qui précédèrent la bataille, avaient multiplié les difficultés d'une attaque de vive force, impose par cette attitude à ses vainqueurs. Ils ne jugent point prudent de l'y assaillir. Cette journée est employée par les confédérés à rechercher les chefs tombés dans le combat, et à leur faire de dignes funérailles. Le cadavre de Théodoric est découvert sous un monceau de barbares, et son fils Thorismond, élevé sur un pavois, est proclamé roi sur le champ de bataille.

Quelques jours après, Attila reprit la route du Rhin, suivi à quelque distance par Aétius, auquel, dit-on, il avait fait la promesse solennelle de regagner paisiblement le grand fleuve. Aétius le quitta seulement lorsqu'il eut vu les hordes hunniques s'éloigner de l'autre coté du Rhin, vers les sauvages contrées de la Germanie.

Pendant ce temps, Thorismond, avec ses Visigoths, regagnait les pays d'Outre-Loire, où quelques mois après il fut assassiné devant Arles. Deux ans plus tard Aétius mourait de la main de l'infâme Valentinien, et en 455 Attila terminait sa carrière dans une nuit de débauche et d'orgie.

Ainsi, de ces deux hommes, dont l'un avait de sa forte main soutenu un instant le colosse romain dans sa chute, et l'autre avait passé sur le monde comme un ouragan dévastateur, il ne restait déjà plus que la mémoire. Pour le premier, c'est à travers les siècles le souvenir d'un grand service rendu. Le second a laissé jusqu'à nous un nom détesté, que les peuples ne prononcent encore aujourd'hui qu'avec effroi.

Nous croyons cependant qu'on a exagéré les conséquences de la victoire d'Aétius en proclamant qu'il avait été le sauveur de notre civilisation à son berceau. C'est là, selon nous, un de ces mille préjugés historiques, qui se perpétuent à travers les siècles, et qu'un instant d'examen pourrait détruire.

En effet, quelle influence l'invasion hunnique pouvait-elle avoir sur les destinées de ces jeunes sociétés, qui se formaient alors sur des ruines? Les Huns, peuplade grossière, barbare, aux habitudes nomades, arrivaient sur le sol de la Gaule sans posséder un seul des éléments de cette force morale, qui, secondant la force matérielle, peut s'imposer longtemps et s'assimiler des vaincus. En petit nombre relativement aux populations qu'ils auraient soumises, un demi-siècle peut-être aurait suffi pour qu'ils fussent détruits ou absorbés par elles. Les maux qu'ils auraient pu causer pendant cette période, n'auraient certainement pas surpassé ceux des invasions qui suivirent, sans altérer pourtant le principe de vitalité que renfermaient les débris du monde gallo-romain.

Certes, ce principe courut de bien plus grands dangers, le jour où les Sarrazins envahirent le midi de la France, et Charles-Martel rendit à la civilisation un plus éminent service qu'Aétius, lorsqu'il vainquit dans les champs de Tours. Les Maures apportaient avec eux une civilisation brillante, des sciences, des arts, dont le Generalife, l'Alhambra de Grenade, et la riche plaine de Valence sont encore aujourd'hui l'admirable expression. Pendant plusieurs siècles ils ont possédé l'Espagne, relevée de ses ruines, devenue par eux une terre de merveilles, et déchue depuis qu'ils l'ont quittée. S'ils avaient vaincu Charles-Martel, ils eussent sans doute implanté, et pour plusieurs siècles, une civilisation musulmane sur le sol de la vieille Gaule, et cela malgré les différences de races, de mœurs et de climat que notre pays pouvait opposer à des envahisseurs sortis de l'Orient.

Voilà les conquérants qui pouvaient retarder l'avenir, et mettre longtemps en péril le développement de cette civilisation qui fait aujourd'hui notre gloire.

Le grand évènement accompli en 451 a fait naître deux questions longtemps disputées, aujourd'hui à peu près résolues.

La première est celle-ci : la bataille de Châlons a-t-elle vraiment été livrée aux lieux où est situé le camp d'Attila ?

On a successivement désigné Méry-sur-Seine, Maurupt, Mailly, près d'Arcy-sur-Aube, et même Toulouse, comme ayant été le théâtre de cette lutte. Les mots *Mauriacum* et *Mauricii campi*, dont se sont servi les chroniqueurs pour désigner le lieu du combat, ont fait longtemps pencher la question en faveur de Méry-sur-Seine. Cette opinion a eu pour défenseur le savant Grosley. Et quels que soient les lieux où l'imagination des érudits ait transporté le théâtre du combat, ils n'ont pas manqué de voir s'y dessiner exactement les détails topographiques donnés par les chroniqueurs. D'ailleurs, n'est-il pas au monde un pays où, même sans effort, on ne puisse trouver, dans un certain rayon, un ruisseau coulant dans une plaine, qui renferme elle-même une élévation de terrain, semblable à celle occupée par Thorismond une heure avant l'engagement général.

Voici, en quelques lignes, l'ensemble de preuves, qui paraît désigner les plaines de la Cheppe comme le point où se rencontrèrent pour la troisième fois Attila et Aétius.

Idace, évêque de Lamego en 427, député en 431 près d'Aétius, et qui vivait encore en 468, s'exprime en ces termes :

« Les Huns, après avoir rompu la paix, ravagent les provinces de la Gaule, ensevelissent de nombreuses cités sous leurs ruines. Ils attaquent en rase campagne, dans les Champs Catalauniens, non loin de la ville de Metz par eux détruite *(in campis cathalaunicis, haud longè de civitate, quam effregerant, Mettis)*, le roi Théodoric et le général Aétius, déjà alliés pendant la paix. »

Jornandès, évêque de Ravenne vers l'an 552, rapporte :

« Les deux armées s'assemblent dans les Champs Catalauniens, nommés aussi Mauriciens *(Mauricii)*, lesquels ont cent lieues gauloises en longueur et soixante-dix en largeur, la lieue gauloise étant de de quinze cents pas. »

Grégoire de Tours, né en 539, mort en 595 dit :

« Aétius et Théodoric mettent Attila en fuite, il se retire dans le camp de Mauriac *(mauriacum campum adiens)*, et s'y prépare au combat. »

Isidore de Séville, né en 570, rapporte que la bataille s'est donnée dans la plaine de Mauriac.

Frédégaire, qui vivait en 558, écrit : « que les Huns, repassant par Troyes, prennent position dans la plaine de Mauriac. *Hunni repetentes Tricassis, in Mauriacensi consident Campaniâ*.....

» Thorismond livre bataille à Attila, dans un lieu nommé *Mauriacus.* »

Eginhard et l'auteur de la *Vie de saint Aignan* se servent aussi du mot *Mauriacus* pour désigner le lieu de la bataille.

L'auteur d'*Attila dans les Gaules*, M. Tourneux, frappé de cette double expression de Jornandès : « les deux armées s'assemblent dans les Champs Catalauniens nommés aussi Mauriciens *(Mauricii)*, » s'exprimait ainsi : « *Mauriacus* était probablement le nom propre employé dans le récit d'Aétius ; mais Jornandès n'aura vu dans ce nom obscur qu'une épithète appliquée aux Champs Catalauniens ; il a fait plus, il a cru devoir altérer le mot *Mauriacus* pour le remplacer par celui de *Mauricius*, qui lui a semblé plus significatif, comme s'il eût voulu désigner par là un pays placé sous l'invocation de saint Maurice. » (Page 108.)

M. Savy, dans son excellent travail intitulé : *Mémoire topographique jusqu'au Ve siècle de la partie des Gaules occupée aujourd'hui par le département de la Marne,* nous apprend qu'une circonstance toute fortuite lui a révélé l'existence, dans ces lieux, d'une ancienne chapelle dédiée à saint Maurice, et aujourd'hui complètement détruite.

« D'après les anciens itinéraires, dit-il, un petit temple de Minerve (*Fanum Minervæ*) existait près ou sur la voie romaine de Reims à Metz par Bar-le-Duc. Nous avons démontré que ce temple se trouvait où est aujourd'hui La Cheppe, c'est-à-dire dans les plaines catalauniennes, à trois lieues environ de la cité des Catalauni, c'est aussi l'opinion de Delisle, Caylus et Walckenaer.

» Lorsque le christianisme s'établit dans les Gaules, les temples païens, selon la loi de Théodose, du 3 des calendes de mars 380, durent être supprimés et remplacés par des édifices chrétiens. En 451, lors de la bataille d'Attila, Fanum Minervæ ne devait donc plus exister, et sans aucun doute une chapelle chrétienne le remplaçait. En effet, dans un lieu du territoire de La Cheppe, appelé la garenne de Parjouet, près de l'angle sud-ouest du camp d'Attila, dont il n'est éloigné que de 300 mètres, à l'endroit même ou Delisle et Caylus placent Fanum Minervæ, existait une ancienne chapelle isolée; cette chapelle fut détruite lors des guerres de religion, et nous en avons reconnu l'emplacement par la dépression du sol où se trouvaient les fondations. Or, des habitants notables de La Cheppe, dont nous avons reçu la déclaration, tiennent de leurs pères qu'un tableau représentant saint Maurice avait été transporté de cette chapelle dans l'église du village. Ils nous ont, en outre, affirmé comme étant à leur pleine connaissance : 1° Que la chapelle située à gauche du chœur de cette église s'appelait la chapelle Saint-Maurice; 2° qu'en 1820, cette église ayant été détruite à cause de sa vétusté, elle fut remplacée en 1821 par celle actuelle, et que la chapelle à gauche du chœur de celle-ci reprit, comme dans la vieille église, le nom de chapelle Saint-Maurice ; le vieux tableau très-avarié de ce saint y fut aussi replacé...

» Il paraît donc établi qu'il existait dans ce lieu une chapelle dédiée à saint Maurice. Or, dans cette grande plaine déserte où se donnait la bataille, le seul édifice construit, qui fût rapproché du lieu du combat, et autour duquel se groupaient sans doute quelques maisons, peut-être même un village, était cette chapelle ; elle devait nécessairement donner son nom à la contrée, et ce nom devait être celui du saint qui y était honoré ; la plaine ou les champs environnants devaient donc, selon l'expression de Jornandès, s'appeler les Champs-Mauriciens. Quant au village de *La Cheppe*, sa dénomination, lorsqu'un temple à Minerve s'élevait dans ce lieu, était Fanum Minervæ, et quand ce temple païen fut détruit et remplacé par une chapelle chrétienne, il prit le nom de *La Chapelle*, qu'on retrouve encore dans certains pouillés du diocèse.»

La seconde question est celle-ci : le camp d'Attila est-il un camp romain ou un ouvrage établi par Attila ?

Les défenseurs de la première opinion, qui paraît réunir le plus d'adhérents, s'appuient sur les raisons suivantes :

Attila a bien pu, par des travaux faits à cet ouvrage, altérer la forme quadrangulaire habituelle aux camps romains.

Cette enceinte a pu être, antérieurement à la conquête romaine, celle d'une forteresse gauloise, qui aurait été occupée ensuite par les Romains.

Enfin, les monnaies trouvées dans ce camp sont presque toutes des monnaies gauloises, en potin, d'un type très-ancien, mêlées à quelques monnaies romaines, toutes antérieures au ve siècle.

L'auteur d'*Attila dans les Gaules* prétend, au contraire, que ce retranchement est l'œuvre d'Attila. Il en donne la description suivante :

« Le pourtour de cet ouvrage, dont l'irrégularité même prouve la précipitation avec laquelle il a été établi, est de 1,765 mètres, mesurés sur la crête des épaulements. Ce n'est ni un cercle ni un polygone, c'est une sorte de demi-ellipse irrégulière du côté de la rivière, dont il suit à peu près les développements.

» Le plus grand axe du terre-plein de l'enceinte a environ 554 mètres de longueur, et le plus petit 460 mètres. On n'aperçoit dans l'intérieur aucun vestige de fouilles, d'excavations ni de construction. Le sol est parfaitement plan ; il paraît que la charrue n'a jamais cessé de le parcourir librement.....

» Il n'existe de fossés que du côté du champ de bataille, sur un développement de onze cents mètres. Dans leur partie la plus profonde, ces fossés ont environ six mètres cinquante centimètres de profondeur. Creusés dans la craie, le temps ne leur a fait subir pour ainsi dire aucune altération, et ils sont encore aujourd'hui aussi bien dessinés qu'il y a quatorze siècles. La main de l'homme n'avait aucun intérêt à aplanir ce sol aride et sans valeur ; c'est pourquoi le relief de l'enceinte est généralement si bien conservé.

» Les déblais ont été jetés, partie du côté de la campagne où ils forment un exhaussement de deux à trois mètres sur le bord du fossé, partie du côté du camp dont l'épaulement présente un relief d'environ cinq mètres. L'épaulement, qui s'appuie sur la rivière, a dû être formé avec les terres du rivage même, dont il a suffi d'abaisser l'escarpement au niveau actuel pour trouver les remblais dont on avait besoin.

» Du reste, tout annonce un travail fait à la hâte, sans régularité, sans aucune ressemblance avec les lignes d'un camp romain, et interrompu même avant qu'il ne fût entièrement achevé. »

Il existe autour du camp d'Attila, dans un rayon de huit à douze kilomètres, des élévations faites de main d'homme, appelées buttes, cônes ou tombelles. Ce sont des tumulus qui recouvrent les cendres de guerriers tués sans doute dans la dernière lutte entre Attila et Aétius.

La plus remarquable de ces élévations est le tumulus de Poix, que la tradition nous donne comme le tombeau de Théodoric. Le grand axe de cet ouvrage mesure aujourd'hui soixante-dix mètres, sa hauteur actuelle est de onze mètres; primitivement, il a pu mesurer 15,000 mètres cubes. Des fouilles y ont été pratiquées en 1840, à une petite profondeur et sans résultat important. On n'y découvrit alors que des tuiles et des médailles romaines. De nouvelles fouilles ont eu lieu en 1858, d'après les ordres de l'Empereur, sous la direction des officiers du génie. On y a trouvé des pièces de monnaie en cuivre, de douze millimètres de diamètre, un grand nombre d'ossements d'animaux, et au centre les traces d'un vaste brasier.

Trois tumulus du même genre existent à Bussy. Le premier, situé à l'ouest, est le plus élevé et le mieux conservé ; sa circonférence est de 205 mètres à la base ; il mesure 53 mètres de tour au sommet, sa hauteur est de 17 mètres, son volume de 23,000 mètres cubes.

Le second tumulus a 177 mètres de circonférence à sa base, 74 mètres au sommet, sa hauteur varie de 11 à 14 mètres, et son volume actuel peut être évalué à 14,000 mètres cubes.

Enfin, le troisième tumulus est celui qui a subi la plus forte altération. La circonférence au sommet est de 75 mètres. On y a placé un moulin à vent.

Les fouilles opérées dans celui de ces tumulus situé le plus à l'ouest ont amené la découverte d'un puits se dirigeant vers le centre de l'élévation, et des fondations d'une ancienne tour. On a découvert en outre un plat d'étain, un médaillon en terre cuite vernissée de blanc et représentant un bœuf, les traces d'un bûcher, et enfin des ossements de bœufs et de chevaux.

A La Croix-en-Champagne, village situé à peu de distance de Bussy, on voit encore les restes de deux tumulus qui, fouillés il y a un siècle, ont laissé découvrir des urnes, des armes, des ossements et des traces de bûchers.

Le camp d'Attila surtout a été fécond en découvertes. Des fouilles dirigées par les ordres de l'Empereur dans le tumulus dit tumulus de La Cheppe, ont amené la découverte d'un squelette de porc, d'un squelette humain entouré de onze vases de différentes dimensions, quatre aux pieds, cinq à la tête et deux au côté droit, et une coupe de terre rougeâtre qui contenait des os de volaille. Deux de ces vases paraissaient avoir contenu de la graisse qui les avait décomposés de telle sorte qu'on pouvait, en en pressant les fragments, les réduire en une espèce de pâte. On a trouvé en outre dans ce tumulus cinq pièces de monnaie romaines, une sorte de couronne en fer rongée par la rouille, qu'on a pensé être une poignée d'épée.

La même année, également par ordre de l'Empereur, des fouilles ont été faites dans le mamelon situé au levant du tumulus ; elles ont donné un vase en terre de la capacité d'un litre, dans lequel était renfermé un anneau d'or d'une valeur, en poids, de 35 francs environ.

En 1823, dans un pré situé à l'Est du village de La Cheppe, on découvrit des squelettes humains, un casque en cuivre, cinq pièces de monnaie, plusieurs petits fers de cheval, des débris de javelots, des vases et un massif de pierre maçonné avec du plâtre, et ayant la forme d'un tonneau. Ce massif fut roulé à la rivière par les ouvriers qui le découvrirent, sans qu'ils eussent la curiorité de le briser pour en connaître le contenu.

Au mois de mai 1860, des fouilles opérées sur le

territoire de la Cheppe, au lieu dit Saint-Bâle, ont mis à découvert plusieurs squelettes humains assez bien conservés, placés à côté l'un de l'autre, la tête au couchant, la face dessous, exposée dans du plâtre, de manière à y laisser l'empreinte de la figure; un autre squelette de grande taille, placé aussi la face dessous dans du plâtre, et recouvert, depuis la tête jusqu'aux reins, de pierres silex maçonnées en plâtre. A ses pieds étaient un anneau et une agrafe de ceinturon en fer ciselé, qui paraissait avoir été dorée.

Dans l'enceinte du camp et dans les terrains qui l'avoisinent, on a fait une foule de découvertes de la même nature que celles précédemment citées.

En 1797, la terre s'écroula tout-à-coup sous les pieds d'un cultivateur, qui labourait dans une pièce de terre située au milieu du camp; homme, chevaux et charrue tombèrent dans une cavité ayant environ quatre mètres de diamètre, recouverte par un cintre maçonné en terre glaise qui, dans la partie la plus élevée, avait environ un mètre. On trouva dans cette cavité deux vases de terre grise de la forme d'un cône tronqué, qui renfermaient des cendres. A côté de ces vases étaient placés des mors et d'autres parties de brides de chevaux, des étriers dont la base aplatie avait quelque ressemblance avec une semelle de soulier. Deux morceaux de fer de 60 centimètres de longueur, terminés en forme de poire. On a présumé qu'ils servaient de massues.

Pendant sa session, tenue en 1855 à Châlons-sur-Marne, le Congrès archéologique de France a visité le camp d'Attila ; un grand nombre de ses membres ont été d'avis que le camp de La Cheppe n'avait pas été établi par Attila, mais lui était de beaucoup antérieur. Le président du Congrès, M. de Caumont, a insisté sur l'importance de ce monument, et a déclaré qu'il ne connaissait aucun ancien camp plus intéressant que le camp d'Attila.

Le Congrès a émis le vœu que le Gouvernement fasse l'acquisition des retranchements antiques dits le camp d'Attila, et qu'on assure la conservation de ce monument si curieux. Cette demande du Congrès était elle-même la répétition de celle adressée par M. de Jessaint à l'Empereur Napoléon Ier, à son passage à Châlons, le 25 octobre 1809. L'Empereur Napoléon III, qui, pendant son séjour au camp de Châlons, a déjà fait de fréquentes visites à celui d'Attila, a commencé en quelque sorte à réaliser le vœu du Congrès, en achetant quelques terrains dans l'intérieur du camp de La Cheppe.

NOTRE-DAME DE LÉPINE

NOTRE-DAME DE LÉPINE

« Tout-à-coup, dit Alexandre Dumas, dans un volume intitulé *la Route de Varennes*, je vis se lever au milieu de ces grandes et tristes plaines de la Champagne une magnifique fleur de pierre, taillée à jour comme un ivoire de Dieppe ; c'était la petite église de Notre-Dame de Lépine.

» Comment cette merveilleuse végétation avait-elle pris racine dans cette craie infertile, qui donne à si grand'peine sa maigre moisson ?

» C'était un miracle. Il ne fallait pas moins qu'un miracle, en effet, pour tirer de terre ce bijou de la Renaissance.

» Je ne sais plus quel évêque de Bayeux, apprenant que le clocher d'Harfleur avait été bâti par les Anglais, répondit : « Cela ne m'étonne plus ; je savais bien qu'ils étaient trop bêtes ici pour bâtir un pareil clocher. » Je ne dis pas cela des Champenois. J'ai pour les Champenois, au contraire, une vénération toute particulière, ou si on l'aime mieux, je les trouve bêtes à la manière de Lafontaine, qui était Champenois.

» Voulez-vous d'autres Champenois ? Je vais vous en donner.

» Le premier poète de la France, chronologiquement parlant, était un Champenois. Vous devinez que je veux parler de Thibaut, comte de Champagne, n'est-ce pas ? du poëte, presque roi, qui n'eût pas mieux demandé, comme dit Hugo, que d'être le père de saint Louis. Amyot est Champenois, c'est un bonhomme du genre de Lafontaine ; si bonhomme, qu'il a répandu sa bonhomie sur Plutarque, de sorte que ceux qui n'ont lu Plutarque que dans Amyot disent : « Le bonhomme Plutarque. » Plutarque un bonhomme ! Il est vrai qu'il était né dans la Champagne de la Grèce, en Béotie.

» Robert de Sorbon, le fondateur de la Sorbonne, est Champenois. Charlier de Gerson, le fondateur de l'Université de Paris, qui fit, à coup sûr, les *Consolations de la Théologie*, et selon toute probabilité *l'Imitation de Jésus-Christ*, était Champenois. Il était Champenois, ce Villegagnon qui combattit les Turcs avec l'épée, Calvin avec la plume, l'infidèle et l'hérétique; Colbert était Champenois ; Bouchardon et Girardon, Champenois; Lantara et Valentin, Champenois; Flodoard et Mabillon, Champenois; Henri de Lorraine et Paul de Gondi, Champenois ; Martin IV et Urbain IV, Champenois; Sainte-Suzanne et Drouet d'Erlon, Champenois.

» Un comte poëte, deux théologiens de génie, un commandeur, un ministre, un philosophe, deux peintres, deux sculpteurs, deux historiens, deux cardinaux, deux papes, un général, un maréchal de France.

» Attendez, nous en oublions bien encore quelques-uns de ces bons moutons de Champagne. Nous oublions Philippe-Auguste, le vainqueur de Bouvines, le rival de Richard Cœur-de-Lion. Nous oublions Danton. Que dites-vous de celui-là? Nous oublions Fabert(*), une des plus pures réputations du siècle de Louis XIV; Adrienne Lecouvreur, un des génies dramatiques de la France. Sans compter que Mirabeau faillit naître Champenois : il n'eût plus manqué que celui-là !

» Revenons à la charmante église de Notre-Dame de Lépine. Nous avons dit qu'il ne fallait pas moins qu'un miracle pour tirer de la terre ce bijou de la renaissance. Voici le miracle :

» Un soir, des bergers revenaient de paître leurs troupeaux; ils voient une grande lueur dans un buisson; ils s'approchent et regardent; au centre était une Notre-Dame, tenant son enfant dans ses bras. Ils ne doutèrent point que l'image sainte ne fût tombée du ciel. Ils l'adorèrent respectueuse-

(*) Cette galerie est assez riche pour nous dispenser de nous parer des dépouilles d'autrui. Aussi, est-ce sans regret que nous restituons ce glorieux nom de Fabert à la Lorraine, à laquelle il appartient légitimement. Le maréchal Fabert est né à Metz : c'est donc par erreur que le fécond romancier le comprend parmi les illustrations champenoises.

ment, puis s'en allèrent prévenir l'évêque de Châlons de ce qu'ils avaient vu.

» L'évêque de Châlons vint avec tout son clergé ; la sainte sculpture jetait une si grande lumière, qu'on eût dit le buisson ardent.

» Le buisson était à la place où est aujourd'hui l'église. Voilà pourquoi on appelle cette merveille du quinzième siècle Notre-Dame de Lépine.

» Il y a dix-sept ans juste qu'un de mes amis, un poète, faisait le voyage que je fais. Comme moi, il s'arrêta étonné à la vue de la splendide aiguille ; comme moi, il descendit de voiture, et écrivit sur Notre-Dame de Lépine ce que vous allez lire :

» A deux lieues de Châlons, sur la route de Sainte-
» Menehould, dans un endroit où il n'y a que des
» plaines, des chaumes à perte de vue et les arbres
» poudreux de la route, une chose magnifique vous
» apparaît tout-à-coup.

» C'est l'abbaye de Notre-Dame de Lépine.

» Il y a là une vraie flèche du quinzième siècle,
» ouvrée comme une dentelle et admirable, quoique

» accostée d'un télégraphe qu'elle regarde, il est vrai,
» fort dédaigneusement, en grande dame qu'elle est.
» C'est une surprise étrange que de voir s'épanouir
» superbement dans ces champs, qui nourrissent à
» peine quelques coquelicots étiolés, cette splendide
» fleur de l'architecture gothique. J'ai passé deux
» heures dans cette église; j'ai rôdé tout autour par
» un vent terrible, qui faisait distinctement vaciller
» les clochetons; je tenais mon chapeau à deux mains
» et j'admirais avec des tourbillons de poussière dans
» les yeux; de temps en temps, une pierre se déta-
» chait de la flèche et venait tomber dans le cimetière,
» à côté de moi. Il y aurait eu là mille détails à
» dessiner. Les gargouilles sont particulièrement
» compliquées et curieuses. Elles se composent en
» général de deux monstres, dont l'un porte l'autre
» sur ses épaules. Celles de l'abside m'ont paru repré-
» senter les sept péchés capitaux.....

» L'on aurait peine à s'expliquer cette cathédrale
» sans ville, sans village, sans hameau, pour ainsi
» dire, si l'on ne trouvait dans une chapelle fermée
» au loquet un petit puits fort profond, qui est un

» puits miraculeux, du reste fort humble, très-
» simple, et tout-à-fait pareil à un puits de village.
» Le merveilleux édifice a poussé dessus ; ce puits a
» produit cette église, comme un oignon produit
» une tulipe. »

» De qui sont ces lignes ? Oh ! vous pouvez bien le deviner ; il n'y a guère en France qu'un homme qui écrive ainsi. C'est Victor Hugo.

» J'ai dit en France ; je me trompe hélas ! c'est hors de France. »

L'église de Lépine fut commencée en 1419 par un Anglais, nommé Patrice, qui fut à-la-fois l'architecte et l'entrepreneur de l'édifice. Le portail, la nef et la tour du nord furent achevés en dix ans (1429). Cette même année, l'architecte s'enfuit, emportant les fonds destinés à la construction de l'église, et qui provenaient d'offrandes faites par les fidèles accourus de toutes parts sur le lieu du miracle.

Quelques mois après, Charles VII, passant à Châlons, accompagné de Jeanne d'Arc, pour aller se faire sacrer à Reims, fit présent à l'église de Lépine d'une somme considérable. Cette libéralité permit de continuer les travaux, et on construisit la tour du midi. Elle est plus élevée que la première et ornée d'une couronne, qui rappelle la munificence royale.

On n'est point d'accord sur la date à laquelle Notre-Dame de Lépine fut complètement terminée. Les uns prétendent que l'édifice entier fut seulement achevé en 1529, par un modeste artiste nommé Antoine Guichard. D'autres, au contraire, pensent que, sauf quelques détails de peu d'importance, ce remarquable monument était achevé dans le quinzième siècle.

En 1472, le roi Louis XI vint en pélerinage à Notre-Dame de Lépine, pour accomplir un vœu qu'il avait fait pendant qu'il était à Péronne, prisonnier du duc de Bourgogne. Il fit don à l'église de deux cents écus d'or.

A peine terminée, l'église de Lépine fut embellie par de nombreuses libéralités ; les bourgeois de Châlons lui offrirent des vitraux remarquables ; le duc de Lorraine lui fit présent de six cloches magnifiques.

Pendant les guerres de religion (1562 à 1567), une troupe de huguenots, commandés par les sires de Châtillon, passèrent à Lépine, se rendant en Allemagne. L'église alors était riche des dons de nombreux pélerins; les huguenots essayèrent de la piller. Mais les habitants entourèrent l'élégante basilique d'une espèce de fortification, et s'apprêtèrent à la défendre avec vigueur. Les réformés se retirèrent devant ces dispositions belliqueuses; ils se bornèrent à briser les vitraux à coups d'arquebuse. Celui qui représentait le buisson miraculeux fut à peu près seul épargné.

En 1793, les statues qui ornaient les portails de l'église furent brisées; et en 1798, la flèche la plus haute fut détruite pour faire place à un télégraphe, que depuis quelques années l'électricité a chassé lui-même de la place qu'il avait usurpée; grâce à la sotte mutilation que déplorent les amis des arts, il s'en fallut peu que l'église de Lépine ne fût même privée de ses deux flèches; car, en 1824, la foudre vint frapper celle qui subsiste encore; elle y causa, ainsi que dans le reste de l'édifice, des ravages qui furent réparés à l'aide de fonds donnés par Louis XVIII et le duc de Larochefoucault-Doudauville.

LE CAMP DE CHALONS

LE

CAMP DE CHALONS

Le Camp de Châlons, formé par décision de l'Empereur, en date du 29 juin 1857, est sans contredit le plus vaste établissement de ce genre que nous offrent l'antiquité et les temps modernes, en y comprenant même les camps hébreux, immenses cités nomades, où une nation tout entière avait posé ses tentes. La castramétation remonte à la plus haute antiquité; les Romains surtout ont été des maîtres en ce genre. Les restes de nombreux camps établis par eux existent encore dans les contrées autrefois soumises à leur domination. La France nous en offre cinq ou six spécimens assez bien conservés, tandis qu'il n'existe aucune trace des nombreux camps formés sous l'ancienne monarchie.

Déjà, en 1479 et en 1480, Louis XI établissait un camp en Picardie et à Pont-de-l'Arche. Pour retrouver ensuite une création de ce genre ayant quelque importance, nous devons franchir deux siècles et nous reporter au règne de Louis XIV, pendant lequel fut formé un camp de 80,000 hommes, près de Compiègne. On remarque encore, jusqu'à la Révolution française, les deux camps de Richemont dans la Moselle, en 1727 et 1732; les camps de Soissons et de Verberie, en 1766 et 1769 ; les camps de Vaunieux et de Saint-Omer, en 1778 ; sous l'Empire, le camp de Boulogne, en 1804 ; sous la Restauration, les camps de Lunéville, en 1824, de Saint-Omer, en 1826 et 1829, maintenus sous la monarchie de Juillet. Le règne de Napoléon III nous offre les camps de Satory, de Boulogne, de Sathonay et enfin le Camp de Châlons.

Sous Louis XIV et sous Louis XV, les camps furent plutôt une occasion pour les souverains de déployer aux yeux de leurs sujets et d'une cour brillante leurs fastueuses prodigalités et leurs avantages personnels, qu'une école où soldats et généraux venaient se former au métier de la guerre. Sous la monarchie de Juillet et les deux Empires, les camps ont été ramenés à leur antique caractère de rude simplicité et d'enseignement militaire. La plupart des armées françaises qui ont vaincu depuis soixante années, y ont puisé les utiles leçons qui placent aujourd'hui la France à la tête des nations militaires du monde entier.

Le Camp de Châlons est situé sur un vaste plateau crayeux appuyé sur trois rivières, la Suippe, la Vesle et la Noblette. Le terrain militaire renferme douze mille hectares, compris dans un périmètre de quarante-huit kilomètres ; on a calculé que le Camp de Châlons est trois cents fois plus grand que le Champ-de-Mars, et que les parcelles de terre qui le composent, découpées par bandes de trois mètres de largeur, feraient le tour de la terre.

La demeure de l'Empereur, au Camp, est un pavillon très-simple, construit légèrement en bois, et qui se compose d'une antichambre, d'un cabinet de toilette, d'un salon et d'une chambre à coucher. De chaque côté, et à quelque distance sont placés deux châlets ; celui de droite est un salon de réception, celui de gauche une salle à manger. Derrière ces constructions sont établies les cuisines, les baraques des gens de service. Les tentes des officiers d'ordonnance et des cent-gardes s'élèvent çà et là dans un bois de sapins, à droite du châlet impérial. Tout cet ensemble est situé sur un point culminant d'où l'on domine la plus grande partie du Camp et un vaste horizon.

De ce point, par une belle journée d'été, voici le spectacle qui s'offre aux yeux du touriste placé en face du pavillon de l'Empereur :

Devant lui, courant du nord-ouest au sud-est, une longue ligne de tentes se découpe sur le vert et frais rideau d'arbres formé par le cours du petit ruisseau le Cheneu ; au nord-est, le village de Mourmelon-le-Grand montre ses toits rouges et son humble clocher ; au loin s'étend la plaine, tachée çà et là de larges bouquets de sapins ; puis, à l'horizon du nord, les coteaux qui bordent le plateau des Ardennes ; et enfin, à l'ouest et au nord-ouest, les riants coteaux de la montagne de Reims, couverts de vignobles à leur base et à mi-côte, couronnés au sommet par d'épaisses forêts.

Ce fut la garde impériale qui vint, en 1857, inaugurer le Camp de Châlons, et faire retentir des bruits de la guerre ces vastes plaines, silencieuses peut-être depuis les grandes luttes des invasions barbares. La garde était sous le commandement du général Regnault de Saint-Jean-d'Angély. Le 9 août, l'Empereur arriva au camp et fit exécuter, sous son commandement, une série de grandes manœuvres, images de la guerre, luttes pacifiques qui sont le prélude de plus sérieux travaux.

Le 14 septembre 1857, fut inauguré le chemin de fer de Châlons au Camp, embranchement de vingt-cinq kilomètres, étudié, construit et exploité en soixante-dix jours.

Quelques jours après, l'Empereur reçut la visite du duc de Cambridge et de lord Cardigan, un des héros de Crimée, et là, comme sur le plateau de Chersonnèse, ces deux illustres hôtes partagèrent encore une fois, dans de longues manœuvres, les fatigues et le joyeux entrain de nos soldats.

L'Empereur partit du Camp le 23 septembre pour l'entrevue de Stuttgard. De retour peu de temps après, il reçut dans son modeste châlet l'Impératrice qui, elle-même, avait voulu pendant quelques jours assister aux manœuvres.

Le 10 octobre, le Camp était levé, et les troupes regagnaient leurs garnisons respectives.

Chaque année, depuis cette époque, un certain nombre de nos régiments ont passé quelques mois à cette grande école du camp de Châlons. Chaque année aussi l'Empereur est venu prendre sa part de leurs travaux.

FIN.

TABLE DES MATIÈRES

CHALONS-SUR-MARNE, IMP. T. MARTIN.

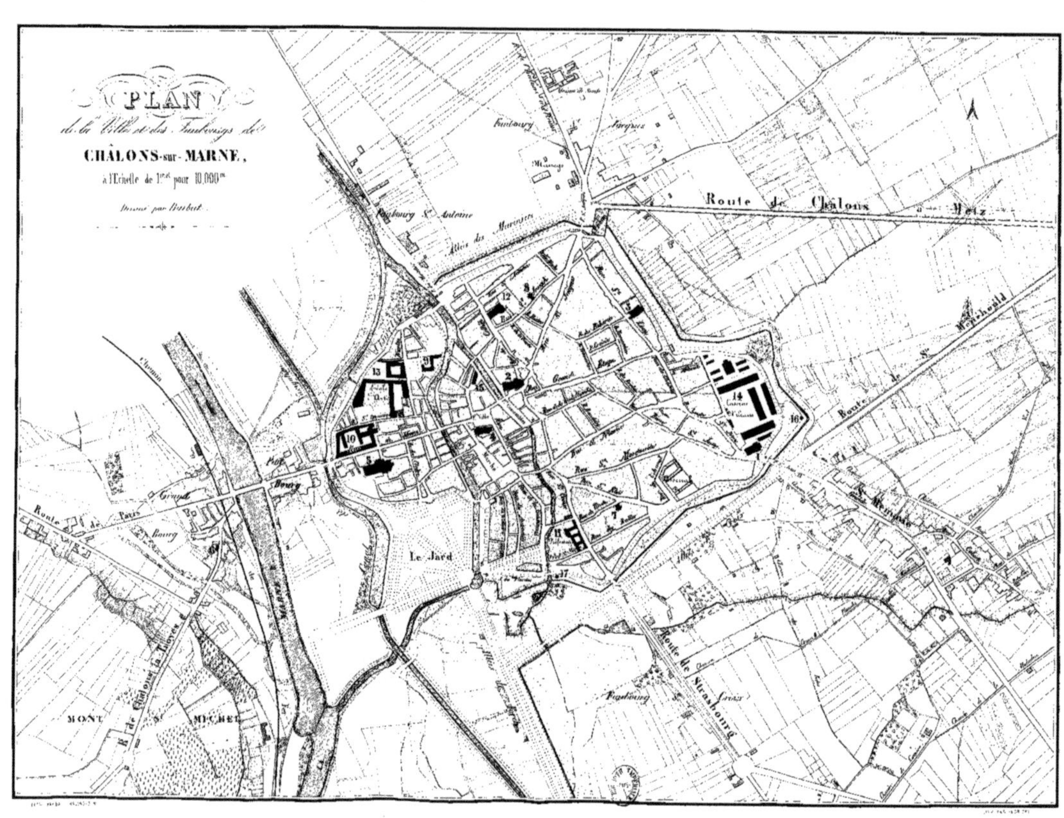

1._St Jean. 2._Notre-Dame. 3._St Loup. 4._St Alpin. 5._La Cathédrale. 6._Ste Pudentienne. 7._Vinetz. 8._St Joseph. 9._Toussaint. 10._Hôtel-Dieu. 11._Préfecture. 12._Collége. 13._Ecole d'Arts et Métiers. 14._Quartier de Cavalerie. 15._Salle de Spectacle. 16._Bon d'Aumale. 17._Bon Mauvilain.

www.ingramcontent.com/pod-product-compliance
Ingram Content Group UK Ltd.
Pitfield, Milton Keynes, MK11 3LW, UK
UKHW022056190726
13855UKWH00002B/513

9 782013 079518